知的生きかた文庫

# リーダーの禅語

枡野俊明

JN102350

三笠書房

# はじめに

リーダーには**「風格」**がなければなりません。

存在そのものが威厳に満ち、しかし傲慢ではなく、振る舞いは常に謙虚であることが求められます。

リーダーには**「育成力」**がなければなりません。

部下を立派に、一人前に、さらにともに力を合わせて仕事を遂行するパートナーに育て上げる必要があります。

リーダーには**「平常心」**がなければなりません。

何があっても動じない、それでいて何事にも臨機応変に対応できる柔軟性を持ち、冷静に行動することが肝要です。

リーダーには**「行動力」**がなければなりません。

大所高所から物事を見て判断し、自ら率先して迅速かつ的確に行動することが、組織の原動力になるのです。

リーダーには**「信頼力」**がなければなりません。

社内外のあらゆる人たちに「この人についていけば間違いない」と思わせる中身を持っていることが大切なのです。

本書では、リーダーが身につけるべき力をこの五つに集約し、それらを身につけるためのヒントとなる「禅語」をご紹介します。

現代のリーダーたちは、ともすれば忙しさに追われて、本質を見失ってしまいがちです。心にブレが生じ、リーダーシップを発揮できないことも少なくありません。

ですから、物事の本質に迫り、仕事・人生の指南役となる「禅語」が役立つのです。

実際、世界のリーダーたちの多くが禅を学んでいます。京セラ創業者であり、六十歳を過ぎて出家得度《とくど》を受けた僧でもある稲盛和夫さん然り。アップルの創業者で、禅の精神を映した「洗練されたモノづくり」で知られるスティーブ・ジョブズ然り。

彼らトップリーダーたちは禅の教えを実践したからこそ、人の上に立つ人間として大切な「ブレない心」をつくりあげることができたといっていいでしょう。そのくらい禅の教えは、リーダーの仕事にも通じるものなのです。

近ごろ私はよく企業に招かれて、リーダー向けに禅のお話をさせていただいています。それも「リーダーが禅と向き合うことの有用性」が認知されてきたからだと思います。そんなとき、私はたとえばこんな「禅語」をご紹介します。

**「一笑千山青（いっしょうすればせんざんあおし）」**――一流のリーダーはみな、どんな困難に直面しても、心配事が山ほどあろうとも、「なんとかなるさ」と笑い飛ばす強さを持っている。

**「不戯論《ふけろん》」**――人の上に立つ者は、悪感情に任せて、くだらないことをゴタゴタいってはいけない。大事なときに大事なことだけを、心を込めていいなさい。

**「冷暖自知《れいだんじち》」**――器の水が冷たいのか温かいのかを知るには、実際に手を入れてみるしかない。つまり、何事も行動してみなければわからない。どんなに偉くなっても、

「自ら動く」習慣を身につけなさい。

どうですか、示唆に富んだ言葉でしょう？　本書ではそんな珠玉の言葉を五十、集めました。これらの言葉が悩み多きリーダーを救い、よりよい仕事を実現するのに少しでも助けとなることを願っています。合　掌

建功寺方丈にて　**枡野俊明**

目次

# 第2章「育成力」――部下に何を伝え、組織をどう導くか

## 第3章「平常心」――「予期せぬこと」にどれだけ強くなれるか

## 第4章 「行動力」——チャンスをつかむ「準備」はできているか

## 第5章 「信頼力」――人を惹きつける「実力」と「魅力」はあるか

編集協力◎千葉潤子
本文DTP◎株式会社 Sun Fuerza

# 第1章

# 風格

## 世の中に、部下に、
## 恥じない生き方ができるか

# 1

## リーダーだって「我が身一つ」

# 本《ほん》来《らい》無《む》一物《いちもつ》

## 「失うものは何もない」と思える強さ

社会に出たばかりのころを思い出してください。仕事に必要な知識も経験も能力もほとんどないに等しかったのではありませんか？

**「本来無一物」**——**「人は生まれながらにして持っているものは何もない。我が身一つでこの世に生まれてきた」**ということを意味するこの禅語は、まさに人間の本質を突いたもの。社会人になりたてのころは、誰もが「本来無一物」だったのです。

しかし、だからこそがんばれたと思いませんか？

それは「無一物中無尽蔵《むいちもつちゅうむじんぞう》」という禅語があるように、何もないということはつまり、そこに無限の可能性があることにほかならないからです。

**「失うものは何もない」ことほど、人を強くする境涯はないのです。**

リーダーになったみなさんだって、本質的には「無一物」です。高い地位や高い収入、多くの部下、輝かしい仕事の成果など、さまざまなものを持っていると思い込んでいるかもしれませんが、それらは衣服のようなもの。「身ぐるみはがれてなるものか」などと執着するほどのものではありません。

**たとえ身ぐるみはがれても、命まで奪われるわけではなし。**元の「裸一貫」に戻るだけです。またがんばって、新しい衣服を身につけていけばいいのです。

むしろいまのポジションにしがみついている、あるいは不満を抱えながらも甘んじている限り、潜在的な可能性を潰してしまうことにもなります。「失敗したくないから、やめておこう」と新たなことへの挑戦に躊躇《ちゅうちょ》したり、「事なかれ主義」よろしく消極的になって仕事も人生も先細りしたりで、張りぼての人形のような、中身のない人生になってしまうでしょう。

とりわけ「失敗」することは大切です。「失敗」という言葉には、成功を阻む悪いことのようなイメージがありますが、実際には逆。「成功の原資」ともいえるものです。

エジソンは「一つのものを発明するまでに、何万回もの実験をしてきた」といっています。一回の成功の裏に、何万回もの失敗があったということです。

この考え方はおもしろい。何かに取り組むとき、失敗するのは当たり前なのです。大事なのは、失敗を失敗のまま捨ててしまわないこと。そのつど、「なぜ失敗したのか」を突き詰めて、次の挑戦に生かすようにする。その積み重ねが成功につながっていく、ということです。

**「自分は本来無一物だ」と思えば、失敗することや、結果が出ないことなど、恐るるに足らずです。** 失敗そのものはいくら悔やんだところでなくならない。過去の結果を変えることもできない。しかし、前を向いて失敗経験を生かすことによって、未来の結果を変えることは可能なのです。

だからリーダーは自分を信じて「何があっても、裸一貫ではじめりゃいいさ」と覚悟を決めてください。そして、何度失敗してもあきらめずに、前を向いて進んでいきましょう。あきらめたら、そこですべての可能性が閉ざされることを自らに戒《いまし》めて。

2

## 目先の損得に心を奪われない

# 善悪難定

——善悪《ぜんあく》定《さだ》め難《がた》し

## それは百年経っても「善」なのか?

目先の損得ばかり気にしていると、判断を誤ります。

たとえば、現時点で利益が得られると思ったことが、あとになってとんでもない損失を生み出すことがあります。産地偽装や耐震偽装などはその典型。「ウソでもブランドをつければ利益が上がる」「ウソでも質の高さをうたえば利益が上がる」と、「目先の利益」に目がくらんだのでしょう。あとになってウソがばれて、大変な騒動になりました。

また「目先の損」を受けたくないために、粉飾決算に走ったり、リコール隠しのように自社商品・サービスの欠陥を隠蔽《いんぺい》したり。近年はとくに、そういった企業スキャンダルがあとを絶ちません。最初のうちは「少しくらいデータをいじってもいいだろう」程度の軽い気持ちだったかもしれませんが、そんなことに一度手を染めるととめどなく傷口が広がり、事態を悪化させる一方なのです。

そんなふうに判断を誤ったリーダーは、社会的生命を絶たれるほどのダメージを受けます。会社の信用がガタ落ちになってしまうことはいうまでもありません。

これらはすべて、表題の禅語**「善悪難定」**を心得ていないことが問題です。仏教は、「いま善と思ったことがあとになって悪となる場合もあるし、いま悪と思ったことがあとになって善となることもある。物事の善悪というものを、いまこのときに判断するのは難しい」という考え。ですから、

「距離を置いた視点から、物事の良し悪しを見ることが大事ですよ」

と教えています。

リーダーとしてはこれを、

**「十年、百年経っても、いまやろうとしていることは善といえるだろうか？」**

と読むといいのではないかと思います。

京セラ創業者の稲盛和夫さんは、新しい事業をはじめるときなどは決まって、こんなふうに自問自答するそうです。

**「自分の利害だけでやろうと判断しているのではないか。そこに私心はないか。本当に世の中のためになるのか。人々のためになるのか。十年、百年経っても、みんなによかったといわれることなのか？」**

そうして自分のなかで「よし、大丈夫」という答えが出てはじめて、「やろう」と判断するといいます。

これはリーダーにとって、本当に大切なこと。会社や事業の方向性を決め、部下たちを同じ方向に動かしていくのですから、「判断を間違えた」ではすまされません。

目先の損得は脇に置き、遠い未来にわたって世の中や人々の役に立つものであるのかどうかを真剣に考え、判断する必要があります。

十年、百年後の社会における会社の存在価値・存在意義を考えたとき、目先の損得にとらわれたためにゼロにしてしまうのと、時を経ても変わらない真理を見つめて善をコツコツ積み上げていくのとでは、大変な違いがあります。

目先の損得に心が奪われそうになったら、ぜひ「善悪難定」とつぶやいてみてください。判断を誤ることなく、正しい道を進んでいけます。

3

「これで行く」と決める

# 常行一直心

——常《つね》に一直心《いちじきしん》を行《ぎょう》ず

## 会社として、リーダーとして「筋を通す」

「すべてにおいて平均点以上」という人は、優れたリーダーになれるでしょうか。私はそうは思いません。

それでは〝器用貧乏〟のようなもので、あれこれと仕事に脈絡なく手を伸ばして収拾がつかなくなってしまう危険性があります。結果的に、どの仕事も〝ボチボチの成果〟に終わるでしょうし、部下を右往左往させることにもなります。

マルチな能力を発揮できること自体はいいのですが、そこに一本筋が通っていることが優れたリーダーの条件です。

**「常行一直心」**

とは、そういうこと。

これは、**「自分はこれで行く」**という本道があって、そこから派生する道に広げていくスタイルを貫くことを意味します。

その本道とは、自分が得意とする仕事とそのやり方です。それを見つけて、磨きに磨いていき、他の追随《ついずい》を許さないところまで高めることがポイントです。

そうすると、

「この分野はあの人に頼もう」

「このことに関してはあの人にアドバイスをしてもらおう」

というふうになり、吸引力の高いリーダーになれます。一目置かれる存在になれるのです。

加えて、本道で養った力は、その分野に関係するさまざまな仕事において、高いレベルで発揮することができます。太い幹からしっかりした枝葉が豊かに広がるように、マルチな能力が磨かれていくのです。

同じことが企業の事業展開にも当てはまります。

「経営者は経営資源を、本業に三〜四割、新たに手がける事業に二割、残りはそれらを支えていく事業に配分し、リスクを分散させるのがよい」

とよくいわれるように、本業でしっかりとした根幹をつくり、その分野で磨き上げた高度な技術や蓄えた豊富な知識が生かせる周辺分野を開拓していく、というやり方で会社を成長させていくことが望ましいのです。

たとえば、ある写真フィルムの会社は、本業のフィルム開発によって培われた技術を、液晶ディスプレイや医療分野へと応用することで、事業領域を広め、世界的な大企業へと成長していきました。

この会社は経営者があれこれと闇雲に手を出すのではなく、本道とそこから派生する道だけに絞った事業展開をしたからこそ成功したのでしょう。

振り返ればバブルの時代、本業とはまったく関係のない分野に乗り出して、悲惨な状況に陥った企業がなんと多かったことか。

そういうやり方はダメなリーダーの典型。優れたリーダーにはこの「常行一直心」の精神が求められるのです。

# 4

## 天職かどうかは〝あなたしだい〟

# 大《だい》地《ち》黄《おう》金《ごん》

# 仕事を輝かせるリーダーの心得

「あれをやらせたら、あの人の右に出る人はいないね。まさに天職だね」

これは大変な褒め言葉です。自分でもいまやっている仕事が「天職」だと思えて、人の目にもそう映るとしたら、こんなに幸せなことはありません。

それにしても「天職」とは、なんなのでしょうか。「天から命ぜられた職」もしくは「自分の天性にもっとも合った職」という意味ですが、あらためて「あなたの天職は？」と問われると、よくわからなくなるのではないかと思います。

答えは簡単です。**いま、あなたが取り組んでいる仕事こそが「天職」なのです。**

いまの仕事を選んだとき、あなたは少なからず「自分に合っている」と思う部分があったでしょう？

それにもかかわらず、すぐに「合わないな」と感じて転職したり、辞めてしまったりするのは感心しません。いつまで経っても「天職」と出合えないことは目に見えています。

なぜなら、**「天職」は出合うものではなく、いまの仕事の延長線上にあるもの**だからです。多少「合わないな」と感じても、辞めずに続けていくと、やりがいが出てきます。それがやがて「天職」に変わっていくのです。

つまり、いまの仕事を「天職」に変えるかどうかは、自分しだいなのです。

**「大地黄金」**

この禅語は、**「自分が置かれている場所で精いっぱい尽くせば、その場所が黄金のように輝いてくる」**という意味です。黄金の大地は、最初から存在するものではなく、自分がいまいる場所が黄金の大地になるのです。

「天職」も同じ。リーダーは、人生にあらかじめ用意されている職業・役職を追い求めるのではなく、自分からやりがいを見つけていまの自分の仕事、部下の仕事を輝くものに変えていかなければならないのです。

あなたの人生の主人公は、あなた自身です。それをしっかり自覚して、黄金色に輝く人生をつくっていきましょう。

ちなみに「主人公」という言葉も禅語です。瑞巌和尚《ずいがん》という方は毎日、自分自身に向かって「主人公」と呼びかけ、

「はっきりと目を覚ましているかい？」

「はい」

「人にだまされないようにしなさいよ」

「はい」

というふうに自問自答をしていたそうです。「もう一人の自分」との対話をしておられたわけです。

それはとりもなおさず、自分が主体となって生きる、ということです。あなたも和尚にならって、自分自身と問答をしてみるのもいいかもしれません。

**「いまの仕事は天職か？」**

**「はい」**

というふうに。仕事に向かう気持ちがより高揚していくでしょう。

# 5

## 時間を主体的に「使いきる」

# 汝被十二時使
# 老僧使得十二時

——汝《なんじ》は十二時《じゅうにじ》に使《つか》われ　老僧《ろうそう》は十二時《じゅうにじ》を使《つか》い得《え》たり

## 多忙なリーダーの「仕事の鉄則」

この禅語は、唐の趙州《じょうしゅう》禅師のお言葉です。

弟子に「時間は容赦なく刻々と過ぎていきますが、一日二十四時間をどのような心構えで過ごしたらよいでしょうか」と問われたときに、

**「汝被十二時使、老僧使得十二時」**


と答えたのです。

これは、

**「お前は時間に追われ、時間に使われているが、わしは時間というものを自在に使いきっておるぞ」**


という意味です。

「時間を自在に使いきる」とは、自分が主体となって行動していることにほかなりません。

いつも時間に追われるように、忙しく過ごしている現代人には、心に突き刺さる言葉ではないでしょうか。時間に追われるよりも、追いかける。そういう感覚を持つことが大切です。

といっても、綿密に立てたスケジュールをただきっちりこなすこととは違います。それでは時間に使われているのと同じことです。**スケジュールはむしろ大雑把なほうがいい。**時間にゆとりを持たせることで、行動の自由度が高まるからです。

たとえば会議をやっていて、あと十五分ほどで結論が出せそうなときに、「時間が来たので、今日はここまで。話し合いの続きはまた明日にしましょう」とすると、多くの時間をロスします。翌日になってあらためて、議事録の確認をしながら「昨日はどこまで話し合ったんだっけ？　今日はどこから？」などとなりますから。

それよりも予定を十五分延長して結論を出し、次の予定を効率よく切り上げればよいのです。翌日の会議も新しい議題から、スムーズにはじめられます。

「予定は未定」で、どの仕事にどのくらい費やすかはやってみなければわからない部分が大きいでしょう。

**うまく調整して〝時間の辻褄《つじつま》〟を合わせていく。**それが「時間を使いきる」ということです。

実際、スケジュールを細かく決めている人ほど、時間配分が下手なものです。**多忙なリーダーは「時間をどう使いきるか」に主眼を置いて、主体的に行動するようにしましょう。**もちろん、相手の都合に配慮しながら、ということもお忘れなく。

# 6

## 自分の良心を拠りどころとする

# 自《じ》灯《とう》明《みょう》　法《ほう》灯《とう》明《みょう》

## 「本質を見る目」をどう養うか

お釈迦さまが入滅される間際に残したとされるのが、この「自灯明、法灯明」という禅語です。「自」は自分自身、「法」は教えを意味します。

もう少し詳しくいうと、弟子の「これから何を道しるべに生きていったらいいでしょうか?」という問いに対して、お釈迦さまは、

**「私がいなくなっても、私の教えは残っていく。真理を拠りどころとし、自分の心に行ないの善・不善を問いかけることをやっていきなさい」**

とおっしゃったのです。

非常に重いお言葉です。

世の中には、「昨日まで『悪』とされていたことが、今日になって突然『善』になる」というようなことがよく起こります。

戦争はその典型。「人を殺《あや》めてはいけない」といういつの時代も真理であることが、

戦争の風が吹いたとたんに、逆転しましたね？　「何人敵を殺したか」が功績になるというふうに。

**「真理」を道しるべに生きる。**それをしていかないと、こういうことが起きてしまうのです。たとえば赤ちゃんが生まれるとうれしい、親が亡くなると悲しい……そういった感情は百年先も千年先も、いや未来永劫、変わらぬ真理です。そこをたしかな目で見つめて、生きていくことが大切なのです。

このことを忘れないよう、常に自分自身に「いま、自分がやろうとしていることは善であるか」を問いかけることを習慣づけるといいでしょう。

以前、自動車会社が燃費のデータを捏造する事件が起こりましたが、あのようなことは「自灯明、法灯明」の精神にもとるものです。燃費競争の激化により、リーダーが本質を見失ってしまったのです。

立派なリーダーなら、きっとこう判断したでしょう。

「データをごまかして消費者を欺《あざむ》くなど、企業として正しい行ないではない。他社より少しくらい燃費が低くとも、きちんとした数字を出しなさい。それよりも、他社にはない性能を武器に、我が社の技術を世に問おうではないか」

実際、燃費競争から降りて、独自路線を見出した会社もあります。たしかに燃費はいいほうが望ましいですが、その差はほんのわずかです。それに、消費者が求めているのは燃費だけではないのですから、そこを突き詰めて考え、自社らしさを出していく道だってあるではないですか。

リーダーにとっての「自灯明、法灯明」はまた、**「本質を見る目を養う」**ことでもあります。自身の行ないを問いただすことに加えて、世の中にあふれているさまざまな「工夫」を見るといいでしょう。

どういう工夫が世の中に受け入れられ、人々の嗜好や利便性に寄与しているのか。その本質をつかむ修業になります。そうして積み上げた知識、培った感性を仕事に取り入れる形でやっていくと、必ず結果が出ます。

世の中の真理をつかみ、ニーズを引き出し、工夫してつくったものは、まさに「自灯明、法灯明」の産物。大ヒット間違いなしでしょう。

# 7

## 「自分」という器を磨き続ける

# 琢玉当成器 人不學不知道

――玉《たま》琢《みが》けば当《まさ》に器《うつわ》を成《な》す 人《ひと》學《まな》ばざれば道《みち》を知《し》らず

## 「リーダーらしく」より、まずは「人間らしく」

「仕事ができない人」なんていません。部下は誰もがみんな、「仕事のできる人」です。いまはまだまだでも、リーダーがいいところを見つけて磨いてやれば、必ず「仕事のできる人」になります。

リーダーは自分自身の能力に磨きをかけることはもちろんですが、プラス、部下の能力を見抜く目を養っていかなければいけません。

それを教えてくれるのが、

**「琢玉当成器、人不學不知道」**

という禅語です。

「きらきら光る宝石の翡翠《ひすい》も、泥がついたままの原石は単なる石の塊に過ぎない。しかし、泥を落とし、石を彫って磨けば立派な器になる。同様に、人間も日ごろからいろいろなことに興味を持って学び続けないと、生きる道を知ることができない」

という意味です。

こうしてまずは自分自身を、ひいてはリーダーとして見出した部下の能力も磨き続けることは、「最高の人生」を具現化することにつながります。

仏教では「人間として最高の生き方を志すとき、その行き着く先に仏道がある」と考えられています。

お経をあげたり、坐禅を組んだりするのは、いわば自分を磨くための修行であり、「人間として最高の生き方を目指したら、和尚になった」というのが本来です。けっして和尚になるために修行をするわけではありません。

これはリーダーにとっても、同じことがいえるでしょう。

**目指すべきは「リーダーらしく」ではなく「人間らしく」生きること。**それを追求した先に、まっすぐな自分らしい生き方が開けてくるのです。

私たちは何も持たずに生まれ、死んでいきます。あの世に持っていけるのは、今生の思い出だけなのです。

そのときに「ああ、よい人生を生き抜いた」と満足できるかどうか。どんなに財を成しても、もし悪いことをして得た富ならば、後ろめたい思いを抱えて死出の旅に出ることになります。それが幸せでしょうか。

**みなさんはぜひ、「もう一度、同じ人生を生きたい」と思えるような、思い残すことが何もない人生を生ききってください。**

「琢玉当成器、人不學不道知」

これを一つの座右の銘として。

8

## 「小さな欲」が「大きな不正」へ

# 一翳在眼　空華乱墜

――一翳《いちえい》眼《まなこ》に在《あ》れば　空華《くうげ》乱墜《らんつい》す

# 不正は絶対隠しとおせない

人間、魔が差すことがあります。

とりわけある程度の成功をおさめたリーダーには、甘いものに蟻が寄ってくるみたいに〝成功のおこぼれ〟を頂戴しようと、悪い輩《やから》がたかってくるものです。

しかも、「こうすればもっと儲かりますよ」というような外からの誘惑だけではなく、自分の内側から「少しくらい不正をしたって、隠しとおせばわかりゃしない」という声が聞こえてくる場合もあります。

よほど用心していないと、「いまの成功を手放したくない」という思いが〝悪魔の誘惑〟に負けてしまうのです。**うまくいっているときほど、魔が差す危険は大きいと**いっていいでしょう。

しかし「一翳在眼、空華乱墜」――「**目にかすかな塵が入っただけで、幻の華が宙を舞い、乱れ落ちてしまう**」ように、心のなかにほんの少しでも汚れが生じると、たちまち煩悩《ぼんのう》に埋め尽くされてしまいます。「もっと儲けたい」「もっと成功したい」などの欲にとらわれて判断を誤り、不正へと走ってしまうのです。

近年、頻発している企業スキャンダルはすべて、リーダーが「一翳在眼、空華乱墜」した姿とみていいでしょう。

そもそも不正は隠しとおせるものではありません。ネット社会になって以降はとくに、不正が明るみに出やすく、その情報はあっという間に拡散していきます。

そうなったときのダメージを考えると、恐ろしいでしょう?

その意味では、さまざまなことをガラス張りにするネット社会は、自分の身を正すための環境が整っている、という見方もできます。

**多くの部下を束ね、重大な課題を裁量する、権限が大きいリーダーだからこそ、悪い誘惑に手を染めない強い自己をつくらなければなりません。**

そのためにも、リーダーは会社の命運を左右するような大きな責任を負っていることを常に意識する必要があります。

また、その助けとして、「魔除け」のようなものを置いておくのも一つの方法です。たとえば江戸城が石垣に悪魔返しの文言を刻んだり、周囲に悪魔封じのための目赤・目白・目黒・目黄・目青の五種類のお不動さんを建てたりしたように。あるいは沖縄で門や屋根にシーサーという伝説の獣の像を置いて魔除けにしているように。

自分への戒めとしての「魔除け」をどこかに置いておくことで、自分が欲にとらわれていないかを内省するきっかけをつくることができるでしょう。

# 9

## 「みんなと同じ道」は危険

# 道無横経　立者孤危

――道《どう》に横経《よこたて》無《な》し　立《た》つ者《もの》は孤危《こき》なり

# 〝部下に任せきり〟になってはいけない

小さなことから大きなことまで、人生は「選択」の連続です。道にたとえるなら、一本の広い道から、さまざまな小さな道が枝分かれしている状態。どっちへ進めばいいのか、判断に迷う場面が多々あるでしょう。

一見、「広い道を行くのが安心」のように思いますが、この**「道無横経、立者孤危」**という禅語は「それほど危険なことはない」と警告を発しています。

広くて見通しのいい道は、いわば「みんなが歩いていきたがる道」です。うっかりつられてついていくと、行く手に大きな落とし穴が口を開けて待っているかもしれません。そうすると、大勢がもろとも穴に落っこちてしまいます。非常に危ういのです。

そこに「自分の判断」がないという点で、その選択を悔やんでも悔やみきれないでしょう。広い道だろうが、脇道・裏道だろうが、自分が主体となって選んだ道でなければ、自分の気持ちと実際に歩んでいる道がだんだん乖離していってしまうのです。

もう一つ、安心に見えた「広い道」が本当に広い道なのか、という問題があります。自分がその道しか見えていないだけで、現実にはほかにもさまざま道があるかもしれない。自分自身の一面的な見方が、選択肢を狭めている可能性があるのです。多くの場合、それは損得勘定に目がくらんでいるからです。ある意味で、やはり自分が主体になって選んでいないことになります。

ようするに**「自分の行く道は、人任せにしてはいけない」**と、この禅語は教えてくれているのです。

臨済宗を開いた臨済禅師は、同じことをこんなふうにいっています。

**「随処に主となれば、立処皆真《りっしょみなしん》なり」**――。

自分が主体となって判断し、実行したことであれば、常にそこには物事の真理が現れてきますよ、ということです。

この言葉をもう少し広げると、**「主体的に物事に取り組んでいくと、その仕事における必要不可欠な存在になれる」**とも解釈できます。

では、「主体的な方向」とはなんでしょうか。

それは、我欲のないまっさらな心が、自然の流れのなかで「縁」を感じた方向。わかりやすくいえば、「ムリをせずに進んでいけるな」と思った方向です。

たとえば誰かが引っ張ってくれるからと、そっちに行くのはムリがある。

逆風が吹いているのに、突っきろうとするのはムリがある。

利益につられて、あっちへふらふら、こっちへふらふらするのはムリがある。

そういったムリが多少でもあるとしたら、その道は「主体的な方向」とはいえません。自分の利益を外して考えることがポイントでしょう。

**リーダーが方向性を決めるときには、常に「そっちに行って、ムリはないか？」と考えてみるといいと思います。**

難しいことのようですが、自信を持ってください。リーダーが自分の判断で動いていれば、けっして悪い方向には行きません。いい方向が自ずとわかるものなのです。物事に主体的に取り組み、どんどんいい道を開いていきましょう。

10

# リーダーは「中身」で勝負

# 形直影端

――形直《かたちなお》ければ影端《かげただ》し

# どんどん知識を、もっともっと経験を

どんな分野であれ、「達人」といわれる人の姿・所作は美しいものです。

**「形直影端」**という禅語は、まさにこのこと。**「美しい姿をしている人は、影まで美しい」**のです。

これは、リーダーにも当てはまります。後ろめたいことがあると、どうしたって前屈みになりますね？　まっすぐ前を向いて歩を進めることもできなければ、相手の顔を直視して話すこともできません。

美しい姿勢と立ち居振る舞いは表面的なものではなく、人間として、リーダーとして、体・心の内奥《ないおう》に満ち満ちている自信が外にまであふれ出ているものなのです。

そういった美しさの源にあるのは、日々積み重ねてきた知識と経験です。

**「前三三《ぜんさんさん》、後三三《ごさんさん》」**

という禅語は、その教え。

「三三」は「いっぱい」という意味です。つまり「前三三、後三三」とは、**「前もいっぱい、後ろもいっぱい」**。人間には体中に、計りしれないくらいたくさんの智慧が備わっている、ということです。

仏教では智慧を「般若《はんにゃ》」と呼びます。「般若心経」の「般若」。物事の真理を認識し、悟りを開く働きがあるとされています。その般若が備わっているからこそ、人は何事にも前向きに取り組んでいけるのです。

この禅語はつまり、噛み砕いていえば、

**「豊富な知識や経験が体中に満ち満ちていて、それらを縦横無尽に、柔軟に駆使することができると、どんなことにも前向きに取り組んでいける」**

ということを意味します。

語呂も語感もいい言葉なので、自分へのかけ声にしてはいかがでしょうか。朝、仕事に入る前に「前三三、後三三」と繰り返し声に出してみると、

「どんどん知識を蓄え、もっともっと経験を積み、内側から輝くリーダーになるぞ！」

と非常に気分が上がります。

**リーダーは「中身」で勝負。**

どんなに忙しくても、積極的に「現場」に入り、「場数」を踏んで自分を磨き上げていってください。

「形直影端」

「前三三、後三三」

この二つの禅語はいずれも、リーダーのあるべき姿を如実《にょじつ》に表すもの。ここを一つの目標に、みなさんがより立派なリーダーに成長していくことを心から願っています。

第2章

# 育成力

## 部下に何を伝え、組織をどう導くか

# 1

## 部下の〝成長期〟を逃さない

## 啐《そつ》啄《たく》同《どう》時《じ》

# 指導のタイミングを見定める

部下の能力が伸びるかどうかは、リーダーの指導力にかかっています。なかでも大事なのが、**「ここでちょっと背中を押してあげれば、能力がぐんとアップする」というタイミングをとらえる**ことです。

そのベストなタイミングはいつなのか。

能力には「成長曲線」があります。常に右肩上がりでぐんぐん上がっていくものではありません。必ず停滞期もしくは伸び悩む時期があって、そこを抜けた瞬間に急カーブを描いて上昇し、しばらくするとまた停滞して伸び悩み……ということの繰り返しです。

**リーダーが見定めるべきは、停滞期を抜け出す瞬間。**そのときに難度の高い仕事を与えると、部下の能力は飛躍的に伸びます。

そこを的確に判断するためには、日ごろから部下の仕事ぶりをよく観察することが

ポイントになります。ハードルを少しずつ上げながら指導をして経験を積ませるなかで、よく観察していると、

「もう大丈夫そうだな。思いきって現状の能力には余る高難度の仕事をさせてみよう」

「かなり成長したけれど、まだまだ危ないところがある。弱点を補強する仕事を与えながら、もう少し様子を見よう」

といったことが判断できます。

急ぎすぎても、のんびりしすぎてもダメ。絶妙のタイミングをとらえて「大丈夫、君ならできる」という確信を持って背中を押してやる。リーダーがそういう指導をしてはじめて、部下が「化ける」可能性が高まるのです。

リーダーに必要なこの指導力のキモを教えてくれるのが、雛が卵から孵《かえ》るときの様子にたとえた「**啐啄同時**」という禅語です。

「啐」とは、雛が卵の内側から、コツコツと殻を叩いている状態。「そろそろ、外に出たいなあ」という合図です。

一方、「啄」とは、その音を聞いた親鳥が、卵の外側から殻をつついてやることを意味します。

この「啐」と「啄」が同時に、絶好のタイミングで行なわれなければ、新しい命は生まれません。雛の体ができあがっていないうちに親鳥が殻を割ってしまえば、外界に出たとたんに雛は死んでしまいます。逆に、雛がもう十分に育っているのにもかかわらず、親鳥が殻を破る手助けをしてやらなければ、雛は卵のなかで息絶えてしまいます。

つまり、親鳥は雛が卵を内側から叩く音を慎重に聞き分けて、「もう大丈夫」と確信できる、そのタイミングを見定めているわけです。

会社にあってはもちろん、リーダーが親鳥で部下たちは雛。**リーダーは部下を指導するなかで、彼らの〝成長の合図〟を的確に受け止める必要があります。**

部下により高い知識や技術を伝えようとするときは、いまが「啐啄同時」なのかどうかを見定めましょう。タイミングさえ間違えなければ、部下は期待以上の〝化け方〟をしてくれるはずです。

# 2

## 上司と部下は「生かし、生かされ」

清風拂明月　明月拂清風

——清風明月《せいふうめいげつ》を拂《はら》い　明月清風《めいげつせいふう》を拂《はら》う

## 「この人なら、応援しよう」とお互いに思えるか

部下に指示を出したら、あとは成長を願って、その仕事ぶりを見守ってやればいい。大半のリーダーがそう考えているでしょう。

しかし、それはちょっと違います。上司と部下の関係が一方通行になってしまう点で、物足りなさを感じます。

リーダーにはもう一つ、部下から上がってくる仕事や言葉を真剣に受け止め、そのなかのいいものを自分の仕事に取り入れていく姿勢が必要です。

**「それはいいアイデアだね。ちょっとやってみようか」**
**「そんなやり方があったんだな。自分の仕事に生かしてみよう」**

といった具合に、双方向のコミュニケーションを取るのが望ましい。

上司と部下はいわば「上下の人間関係」ですが、すべてにおいて上司が優れているわけではありません。得意とするものもイコールではない。

それゆえに、上司は部下を指導するだけではなく、**部下の力を〝自分育て〟の糧とすることも大切**なのです。

リーダーになると、「部下は自分のいうとおりに動けばいいんだ」とばかりに高圧的になり、部下から学ぶ姿勢をなくしてしまう傾向があります。そうすると上司と部下の協力体制が崩れ、結局は部全体の成績を下げてしまうことになりかねません。

上下の隔たりなく、部下とともに考え、行動していく上司は、「あの人なら、応援しよう」という気持ちを起こさせます。

プロスポーツの選手がよく「監督を胴上げしたい」というでしょう？　監督を信頼しているからこそ、優勝という成果をあげるために、選手は監督を応援する気持ちでがんばろうとする。それと同じです。

結果、部署の士気は上がり、成果が上がり、自分自身も出世します。

また、その際、「結果が思わしくなくても、私が責任を取るから、やってみようよ」という姿勢を持つことも大切なのです。部下から応援してもらう以上は、部下が思いきり活躍できる環境を整えてやるのがリーダーの務めというものです。

上司と部下は持ちつ持たれつ。互いに刺激し合って、互いが互いを生かし合って、ともに伸びていく。それが理想的な関係でしょう。

そんな上司と部下の関係は、清風と明月のようなものです。

さわやかで清らかな風は、それだけで爽快です。明るく輝く月は、それだけで美しい。その二つが互いに主客を変えながら、一体となって美を高め合っています。

同じように、**部下は上司に生かされ、上司は部下に生かされ、相互が一体となって仕事の成果を高めていく。**上司と部下は「**清風拂明月、明月拂清風**」関係をつくることが大切なのです。

# 3

## どんな部下にも「強み」がある

# 一切《いっさい》衆《しゅ》生《じょう》悉《しつ》有《う》仏《ぶっ》性《しょう》

## 自分の長所に気づいていない人は意外と多い

この禅語は、**「生きとし生けるもの、もっといえば森羅万象のすべてに、仏性が宿っている」**という意味です。もう少し、嚙み砕いてご説明しましょう。

呼吸にしろ、血液の流れにしろ、内臓の働きにしろ、人間は自分の体を意識的にコントロールすることはできません。そこに働いているのは、大いなる宇宙の真理。その大いなる宇宙の真理こそが「仏性」であり、私たちはみんなそれによって「生かされている」のです。

つまり、私たちは本来、等しく「仏さまの心」を持った存在なのです。そこに気づくだけでいい。この**「一切衆生悉有仏性」の観点を持てば、人を〝色めがね〟で見ることがなくなります。**

たとえば日ごろ、なんとなく「おっかないな」「言動が軽々しいな」「自分勝手だな」などと感じて苦手にしている人に対しても、「本来は仏さまの心を持ったいい人なんだ」と思えてくるはず。そうすると、ふとしたときにやさしさや思いやり、温かさ、大らかさなど、いままで気づかなかったその人の美点に気づくことができます。

この禅語をリーダーに当てはめて考えると、

**「どんな部下にも何かしらの強みがある。部下のいいところを見つけなさい」**

というふうに読めます。

リーダーとしては、つい部下の弱点ばかりに目が行きがち。「君はそういうところがダメなんだ」などと責め立てることが多くなります。

けれども「十人十色」。どんな人にも得手不得手があるのですから、弱点は弱点として受け入れ、ほかの人がそこを補強するように仕事を回せばいいのです。

**何より大事なのは、部下の強みを見つけて、それをどんどん伸ばしてあげること。**誰だって得意な仕事ならば結果を出します。

さらにいうと、部下の強みやいいところを見つけたのなら、本人にそれを伝えてあげることも大事です。**自分の強みや長所を自覚していない部下は意外と多いもの。**そこに気づかせてやることで、本人のやる気は格段に違ってきます。

「そうか、これは自分の強みだったんだな。いいところだったんだな。よし、自信を持って、これを武器に仕事をよりブラッシュアップしていこう」

というふうに思うのではないでしょうか。

また、弱みや短所についても自覚をうながし、単に「ダメだ、ダメだ」というのではなく、「ここはまだ君には難しいと思うから、ほかの人に助けてもらいなさい」などと指導するのがいいでしょう。

一人ひとりの強みを伸ばしながら、全体として弱点がなくなるよう部下をチーム分けしていく。リーダーにはそういう「人材のマネジメント能力」が求められます。

# 4

## 「競争」よりも「切磋琢磨」させる

# 同《どう》日《じつ》安《あん》居《ご》

## 部下たちの結びつきを強くする

私たち僧侶仲間の間ではよく、「ありがたきは『同日安居』」といいます。「同日安居」とは、同じ日に修行に入った仲間を意味します。この関係は単に「ともに仕事をする仲間」の域をはるかに超えて、結びつきが非常に強いのです。

何しろ「食べられない・寝られない・足を伸ばせない」という過酷な生活のなかで、覚えなければならないことがたくさんあって、事あるごとに警策《きょうさく》という坐禅のときに使うあの棒でバシバシ叩かれ、身も心もギリギリの状態。すぐにでも逃げ出したくなるくらいです。

それでも「同日安居」は、一人の脱落者も出さないように、互いに励まし合い、助け合うのです。

そこに「競争」はありません。たとえば「もうついていけない」と弱気になる人がいれば、「あと一日、がんばろう。そこを乗り越えれば、あと一年だってがんばれるよ」と力づける。覚えるのが苦手な人がいれば、みんなで夜も寝ないで教えてあげる。自分だけが先に進もうと他人の足を引きずり下ろすようなことはなく、逆に互いを引っ張り上げていこうという意識が強いのです。

自然と絆《きずな》は強くなり、修行を終えたあとも誰かが困れば応援に行き、喜ばしいことがあればお祝いに馳せ参じるという、いい関係が長く続きます。

企業に置き換えて考えると、「同日安居」は「同期」に相当するでしょうか。仏道の修行と違って、会社の同期がみんなで〝蜜月時代〟を過ごすような機会はなかなかないと思いますが、互いが目に見えない糸で結ばれているような感覚はあるのではないかと思います。

実際、同期はふしぎと仲がいいのではありませんか？　彼らを指導するときに、この種の結びつきを生かさない手はありません。

リーダーのなかには「競争によって、個々の社員の能力を上げていく」方法を取る人も多いでしょうが、それはあまり効果が期待できないでしょう。ともすれば、足の引っ張り合いになるからです。社内の雰囲気もギスギスしたものになり、たとえ競争に勝った者がのしあがっていく形で部分最適がうまくいっても、組織の全体最適には至らないのです。

それよりも、互いが励まし合って、磨かれていく関係を築く手助けをしてあげたほうがいい。たとえば部下の誰かが失敗したら、「自分の失敗を同期のみんなに伝えておくといいよ。合わせて、その失敗をどうリカバーしたかもね。そうすれば、失敗した甲斐があるというものでしょう?」と助言してやる。そういうことが大事なのです。

**同期に限らず、社員全体に〝同日安居的な関係〟——言い換えれば「切磋琢磨」する関係を醸成してあげることもまた、リーダーの役割の一つです。**

石ころが川の流れのなかでぶつかり合って、ゴツゴツがすれて輝きを増し、だんだんと美しい玉に磨かれていくように、人間も誰もが切磋琢磨のなかで玉になる可能性がある。リーダーはそう心得て、いたずらに部下たちの競争を煽ることなく、切磋琢磨させて育てることを考えるようにしましょう。

# 5

## 「あの人のようになりたい」と思われる

### 薫《くん》習《じゅう》

## 部下はあなたのここを見ている

「あの人のようになりたい」

部下にそう思われれば、リーダー冥利に尽きるというものです。

あこがれの気持ちは、対象となる人物の立ち居振る舞いを真似るという行動を呼び起こします。

そして、仕事の進め方や接客のやり方、問題が起きたときの対応の仕方などから、言葉遣い、身だしなみ、顔つき、持ち物などに至るまで、あたかも自分がその人になったかのように振る舞うようになるのです。

最初は単なる真似であっても、やがて尊敬しあこがれる人の立ち居振る舞いが自然と身につきます。

もしリーダーが部下から「あの人のようにはなりたくない」と思われたとしたら、情けないではありませんか。社内に悪臭が漂うばかりか、集団としての活力も大きく削がれてしまいます。

ですから、**リーダーは部下が真似したくなる振る舞いを心がけなくてはいけません。**

このことを禅語で「薫習」といいます。

もともとは、衣をしまうときに、防虫香といういい香りのするお香を畳紙《たとうがみ》に包んで入れておき、その香りを衣に染み込ませることを意味します。衣に香りがなくとも、お香からの香りが自然と移って、次に着るときにまことに気持ちがいいものです。言葉自体からいい香りが感じ取れる、美しい響きを持った禅語ですね。

**リーダーはまた、自分自身も薫習を受けることが大切です。**社内外を問わず、「大物」と尊敬される人物などに、あこがれのリーダー像を求めてはどうでしょうか。

その人の真似をするうちに、あるいは正面きって教えを請いながらその人のやり方を実践するうちに、だんだんとリーダーにふさわしい資質が身につき、磨かれていくと思います。

ただし、直属の上司を真似るのならともかく、他部署や社外の人を範としたい場合は、隠れてこそこそやってはいけません。直属の上司が「私を差し置いて他部署・社外の人間にすり寄るとはなんだ」と気分を悪くする可能性があります。真似される側にしても、直属の上司に気を遣うでしょう。

ですから、礼儀として、範とすることをオープンにしておく必要があります。

たとえば直属の上司にあらかじめ、「取引先にこういう人がいて、いままでのおつき合いのなかで非常に共感するところがあります。ときどき意見を聞きに行きたいと思いますので、ご了承いただけますか？」とお願いしておく。

そういう礼儀さえわきまえれば、直属の上司も「そうか。いろいろな人の意見を聞くのはいいことだね。私からも一言いっておこう」などとあと押ししてくれるでしょう。教えを請われたほうだって、慕われてイヤな気持ちになるはずはありません。より親身になってくれると思います。

6

# お世話や親切は〝しっぱなし〟でいい

喜捨《きしゃ》

# リーダーが部下に与えた恩は「水に流す」

お寺や神社をお参りするとき、あなたはどんなふうにお金を賽銭《さいせん》箱に入れていますか？　「そりゃあ、できるだけ賽銭箱の近くから、丁寧にそーっと入れていますよ」という人は、「喜捨の精神」がわかっていません。

**「喜捨」**とは文字どおり、**「喜んで捨てる」**こと。威勢よくポーンと放り投げたほうがいい。お行儀が悪いなんてことはなく、むしろそれが礼儀なのです。

お賽銭を投げることはじつは、心に抱えている執着やこだわりを捨てることを意味します。心の曇りを振り払って、すがすがしい気持ちで生きていく決意の表れでもあります。潔く、喜んでお金を捨てなければ、執着やこだわりを断つことができないわけです。

「捨てる」という言葉には、「もったいない」という感情がともなうかもしれません。

しかし、そんなことはありません。

お釈迦さまは信者から物品のお布施があったとき、困っている人や必要としている人に譲られたそうです。自分が捨てたもので救われる人がいる、そう思えば少しももったいなくないでしょう？　むしろ、捨てる喜びが倍増するではありませんか。

しかも、お賽銭のような「喜捨」は、基本的に無記名の行為です。誰が、いくら喜捨したかがわからない。だから、尊いのです。

さらにいえば、「喜捨」という禅語には、「尊い心を持つと、どこかで同じ尊い心を受ける立場になることもありますよ」という意味合いも含まれています。「お金は天下の回りもの」であるのと同じで、「喜捨」の精神はいい心の循環を生むのです。

ただし、見返りを期待してはいけません。その瞬間にお賽銭は「喜捨」ではなくなり、お金と心のいい循環が断ちきれます。

お賽銭や寄付に限らず、仕事で誰かの力になってあげたときなども、見返りを求めてはいけません。

「これは貸しだからな。いつか返せよ」なんていってはせっかくの好意も水の泡。お世話や親切は〝しっぱなし〟がいいのです。

自分のしたことに対して、どこかで見返りを期待してしまうのは、人間の浅はかなところ。リーダーたる者は、

**「受けた恩は石に刻み、与えた恩は水に流す」**

という気持ちでいてほしいところです。

人にやってあげたことは水に流し、人から受けた恩は石に刻んで忘れずに、何かのときにお返しできるよう心に留めておくことが大切なのです。

7

## 決められるものは「いま」「ここ」で決める

# 無《む》常《じょう》迅《じん》速《そく》

## リーダーは「部下の時間を預かる身」

禅寺では、食事や坐禅などの時を告げる際に〝鳴らし物〟を使います。その一つである木版に書かれているこの言葉を見ながら、禅僧は木槌でパーンパーンと木版を打ち鳴らすのです。

「生死事《しょうじじ》大《だい》　無《む》常迅速《じょうじんそく》　各宜《かくぎ》醒覚《せいかく》　慎勿放逸《しんもつほういつ》」

読み下すと、「生死は事大にして、無常迅速なれば、各々宜しく覚醒して、慎んで放逸なること勿れ」――「人の生き死には非常に大事なこと。時はあっという間に過ぎてゆくから、各自はこのことに目覚めて、時間をムダにせずに必死にいまを生きなさい」という意味です。

ここでいう「時間」は、自分のために使う時間だけを指しているのではありません。むしろ**「人の時間を取らないようにしなさい」**というほうに重きが置かれています。

誰しも、自分の時間は大切にしようと思いますが、人の時間には無頓着なのではないでしょうか。実際、「遅刻してはいけない」とわかっていても、それが「人の時間を奪うからよくないんだ」というところまで思い至る人は少ないように思います。

リーダーは忙しい身ですから、とくに部下の時間を奪わないよう注意しなければいけません。

たとえば部下に会議の議題をつくるように指示したとします。しばらくして部下が「できました」と持ってきたとき、あなたは「あ、そう。あとで見るから、そこに置いておいて」なんていっていませんか？

それはダメ。部下はリーダーのチェックを待つというムダな時間を過ごすはめになります。そうではなくて、その場で見て「これでいいよ。参加者に配ってくれ」とか「ここを訂正して、人数分コピーしてくれ」などとすぐに次の指示を出したほうがいい。部下はすぐに仕事を進めることができます。ムダな時間を節約できるのです。

また会議や打ち合わせなどは、リーダーが**「決められるものは、いま決める」**姿勢で臨むべきでしょう。結論を出せない案件があったとしても、「こういう条件が整えばやる、整わなければやらないことにしよう。データを集めて、検証してみてくれ」というふうに指示を出せばいい。

そこをあいまいにして、「判断材料が足りないな。もうちょっとデータをそろえて、次の会議であらためて話し合おう」なんて悠長なことをやっていると、ムダな会議を一つ増やすことになってしまいます。

このように、五分、十分でできることなら、リーダーはどんなに忙しくとも部下への対応を最優先させることが大切です。この時間を惜しむと、仮に部下一人につき十分の時間を奪ったとして、部下が十人いたら合算して一〇〇分にものぼります。その間、部下を遊ばせることになるのですから、全体の生産性が下がることは目に見えています。

**リーダーは「部下の時間を預かる身」であることを自覚してください。**「自分の仕事で手いっぱい」なようでは、リーダー失格です。

8

# 自分にも部下にも〝求めすぎない〟

## 少欲知足《しょうよくちそく》

## 〝能力の二割増し〟がちょうどいい

人間の欲望は際限がないものです。とくに金銭欲や物欲は膨らめば膨らむほど、心をかき乱すものになります。こういった欲望をコントロールして、心の平穏を維持するには**「少欲知足」**という禅語を覚えておくといいでしょう。

これは、お釈迦さまがご臨終を迎える直前に示された最後の教えとされる「遺教経《ゆいきょうぎょう》」という長いお経のなかに出てくる言葉で、こう書かれています。

「知足の人は地上に臥《ふ》すといえども、なお安楽なりとす。不知足の者は、天堂に処すといえども、また意にかなわず。不知足の者は、富めりといえどもしかも貧し」

つまり、「こうして生きていられること自体、ありがたいこと。いまのままで十分だ」と思っている人は、暮らしぶりがどうであろうとも心は豊かである。

一方、**「まだまだ満足できない」と思っている人は、どんなにぜいたくな暮らしをしていても心は貧しい。「もっと、もっと」という思いにかき乱され、いつまで経っ**

**ても心は枯渇感に支配され、幸福感が得られない。**そういうことです。

ここをまず踏まえたうえで、それではすべからく欲は持たないほうがいいかというと、そんなことはありません。「もっといい仕事がしたい。そうして世のため人のために尽くしたい」というような意欲は〝別物〟です。

リーダーはむしろ、自分自身と部下の能力向上を「もっと、もっと」と求めるべきです。ただし、これも行きすぎは禁物です。

私自身も住職を務めるかたわら、庭園のデザインや大学での授業、本の執筆など、さまざまな仕事をするなかで、日ごろ思っているのは、

**「自分の能力の二割増しくらいで仕事を請け負うのがいい」**

ということです。

三割になると負担が大きすぎて、押し潰されかねません。「自分にはムリなんじゃないかな」という気持ちのほうがまさってしまい、いまひとつやる気が削がれる部分もあります。結果は推して知るべし、です。

しかし二割くらいだと、「よし、やってやるぞ」という心意気が湧き出てきます。「がんばれば、できそうだ」と前向きに取り組むことができるわけです。そうなると実際、能力以上の仕事ができるものなのです。

ですから、自分自身の仕事に関してだけではなく、部下にも「能力の二割増し」の見当で仕事を与えるのがいいかと思います。

なかには「その仕事をやるにはまだ力不足で」とか「ほかの仕事で手いっぱいで」などと及び腰になる部下もいるでしょう。そういう人には「能力の二割増しくらいの仕事をこなす、その経験が能力をどんどん上げていくんだよ。このチャンスを逃したら、君にはもう二割減の簡単な仕事しか来なくなるよ。そこで成長もストップだ」などといってあげてください。

このように、仕事における「少欲知足」は、自分にも部下にも多くを求めすぎず、しかし成長速度が加速する「二割増し」を目安にするといいでしょう。

9

# 指導は時に「沈黙が金」

## 不《ふ》立《りゅう》文《もん》字《じ》　教《きょう》外《げ》別《べつ》伝《でん》

## 部下には「沈黙」「余白」「間」で伝える

**「もっとも大事なことは、言葉や文字では伝えられない。その外に立つ、何もないところに気持ちを込めて伝えなさい。本人が気がついたときにはじめて、それを教えてあげることができる」**

これが「**不立文字、教外別伝**」という禅語の意味するところです。

「何もないところ」とは、言葉なら「**沈黙**」、平面・空間なら「**余白**」、所作なら「**間**」に相当します。

具体的には、コミュニケーションにおいて、言葉にしきれないことがあるときは「沈黙」して、目と目を合わせながら阿吽《あうん》の呼吸で伝える。

枯山水の石庭が巧みに余白を設けて石を配し、静けさを表現するように、形で表せないものは「余白」で表現する。

所作と所作の間に動作を止める時間を設けながら演じる能楽のように、動きで表現しきれないところは「間」を取って、そこに気持ちを込めて伝える。

いずれの場合も、相手の想像力を呼び起こし、理解を深めてもらうことが眼目になります。

これは、たとえば墨絵を考えると、わかりやすいでしょう。墨は無彩色でありながら、無限大の色を見事に表現します。「墨に五彩有り」といわれるのは、墨自体に色彩がないからこそ、無限大に広がる色彩を表現しうる、ということです。


上司と部下の関係でも、この禅語を応用することができます。

叱るにせよ、褒めるにせよ、本当に気持ちを込めようとすると、いくら言葉を並べても伝わらないことがあるでしょう？

しかし**「目は口ほどにものをいう」**のです。たとえば叱るときは、ガンガン責め立てるよりも黙って「私がいいたいことはわかるな」という気持ちを込めて部下の目を見つめたほうがいい。部下は瞬時にして、自分のここがいけなかったと反省したり、周囲に迷惑をかけてしまったことを申し訳なく思ったり、上司のいいたいことを深く理解してくれるものです。

逆に、褒めるときもそうです。褒め言葉を並べれば並べるほど、部下はなんとなくこそばゆい思いをするだけ。それよりも黙って、「よくやったな」という気持ちを込めて大きくうなずくなどしたほうが、部下の感動は大きくなるでしょう。

ようするに、**言葉を超えた上司の気持ちは沈黙で伝える。その沈黙が部下にとって「金言」になりうる**ということです。

また、部下に技術や仕事のやり方を叩き込むときは、最終的には**「体で覚える」**ように指導するのがいちばんです。

私流にいうと、習得には五つの段階があります。

まず「聞いて覚える」。次に「見て覚える」、「読んで覚える」が続きます。この段階まで来ると、部下は全部わかったような気になります。

しかし、そこで終わりにせず、「書いて覚える」ことをさせます。それによって、自分の考えがまとまります。

ここに至っても、まだ不十分。頭で理解することと、実際にやってみてうまくいくこととは違います。最後に「体で覚える」ことをさせないと、自分のものにはならないのです。

職人さんと同じで何度も同じ作業をし、うまくいかなければ別のやり方を工夫してみるプロセス抜きに何事も成長はありえません。技術・能力というのは、頭より先に体がひとりでに動くようになってはじめて習熟の域に達するのです。

このときに効くのが、リーダーの「沈黙」、言い換えれば無言のうなずきです。部下が「これでいいのかな」と試行錯誤をするなかで、「あ、うまくいったかも」と思ったその瞬間に、「よし、それだ」と大きくうなずいてあげる。

部下は一瞬で「これか！」とわかり、それからは間違いなく、その作業や技術が「目をつぶっていてもできる」段階に達します。

武道、茶道、書道、華道など、「道」の字のつく修業でも、同じことがいえます。稽古に稽古を重ね、言葉ではなく体で覚えさせるのが日本の伝統です。

たとえば剣道でも、「こう構えて、相手の心に隙ができたと見るや、そこにスッと竹刀を打ち込むんだよ」などと言葉で教えられても、なかなか理解できません。しかし、練習するなかでそれがうまくいったと見えた瞬間に「それだよ」といってやる。そうすると、教えられたほうは「ああ、これか」とわかる。そうして体が直感的に覚えるのです。やがて、目をつぶっていてもできるようになります。

部下に大事なことを伝え、成長させていくというのは、そういうこと。**口であれやこれやいうより、自分でやらせてうまくいったときに「それだ」と太鼓判を押してやる。**それがリーダーの務めといえるでしょう。

# 10

## 部下のタイプは「百人百様」

# 対《たい》機《き》説《せっ》法《ぽう》

## 「仕事ありき」ではなく「性格ありき」

「対機説法」は、お釈迦さまがいちばん得意としたところです。**同じ一つのことを説くにしても、相手の年齢や人柄、考え方、境遇など、あらゆることを理解したうえでお話をされる。**だから、相手の心に染み入るように、わかりやすく伝わるのです。

これは、リーダーにぜひとも身につけていただきたい資質の一つです。

たとえば「仕事は速いが、ときどきミスが出る」Aさんと、「ミスはないが、仕事が遅い」Bさんと、二人の部下がいたとします。

この二人に対して指導するとき、スピードと正確さのどちらを評価ポイントにして指導するかは、性格によって変える必要があります。

落ち込みやすいタイプの部下に対しては、「仕事が速くて、なかなかいいぞ。ミスだけ気をつけてくれよな」「仕事にミスがないから、安心して任せられるよ。ちょっとスピードが上がればなおいいね」などと、「得意」を褒めるのがいい。

逆に、打たれ強い部下に対しては、「ミスがあるのはいただけないな。いくら仕事が速くても、やり直しに時間がかかるのではもったいないよ」「仕事がゆっくりでミスがないのは当たり前だよ。速くてミスがないのがいちばんなんだ」というふうに、「苦手」を指摘するほうが効果的でしょう。

これはわかりやすい例ですが、**指導というのはすべからく、部下の性格に応じて評価のポイントを変えていくことが基本**なのです。部下の「得意」を伸ばしてやりたいのか、「苦手」を克服させてやりたいのか、方針を決めたうえで性格に合った指導を工夫するといいでしょう。

ほかにも部下には、個別に指導されるのを好む人もいれば、集団のなかでの自分の役回りを気にする人もいます。

地道にコツコツ積み上げていくタイプもいれば、全体をつかんでから一つのことを深めていくタイプもいます。

コミュニケーションにも話す・書くの好みがあります。

エンジンのかかる時間帯にも違いがあります。

年齢も違えば、キャリアも、仕事によっての習熟度も違います。

まさに**部下は百人百様**です。リーダーはその辺をしっかり見極めて、部下に応じてきめ細かく指導の仕方を変えることを心がけましょう。

禅でよく「工夫」という言葉が使われるように、リーダーには「指導の工夫」が求められるのです。

聞くところによると、サーカスで動物に芸を仕込むとき、「最初に芸ありき」ではないそうです。動物の性格や運動能力、頭の回転などをよく観察し、それが生かせる芸を考えてやるといいます。そこから「芸を極める」訓練がはじまるわけです。

動物にしてそうなのですから、いわんや人間をや……ですね。部下のタイプに応じた的確な指導ができれば、それが適材適所の人材活用にもつながります。

第3章

# 平常心

## 「予期せぬこと」に
## どれだけ強くなれるか

# 1

## いいときも悪いときも「引きずらない」

# 平常心是道《びょうじょうしんこれどう》

## 感情の「振れ幅」を小さくする

何があっても泰然自若《たいぜんじじゃく》。常と変わらず、静かで穏やかな心持ちでいられるかどうかは、リーダーの品格を決めるもっとも重要な要素です。リーダーがどっしりしているからこそ、部下も落ち着いて行動できるのです。

その意味では、「気分屋のリーダー」とか「パニックに陥りやすいリーダー」というのは、それだけでリーダーの資質なし、といってもいいくらいです。とはいえ、人間は感情の動物ですから、どうしたって心は揺れます。それは仕方がない。

しかし、**振れ幅を小さくする、もしくは揺れている時間を短くすることは可能です。**いっとき心が揺れても、すぐにしなやかに元に戻る。それが、この禅語にある「**平常心**」というものだと、私は思っています。

感情の振れ幅が大きく、振れたきりいつまでも戻らないと、いろいろと困ったことになります。

たとえば仕事で何か失敗したときは、誰しも落ち込みます。「あそこがいけなかった」「状況判断が甘かった」「こうすればよかった、ああすればよかった」と、さまざまな反省点が浮かんでもくるでしょう。

しかし、ずっと悩んでいるのはよくない。いくら悩んでも状況が好転するわけではないので、ここは、反省はあと回し。とりあえず「いい勉強をさせてもらった」と考え、揺れる心をスッと平常心に戻すことが肝要です。

そうして頭を切り替えたうえで、失敗の原因を客観的に究明し、同じ失敗を繰り返さないためにはどうすればいいか、この失敗をどう次に生かすかを考えればいいのです。**心の揺れをなくして、すぐに次の行動に移る、**そこがポイントです。

困ったことになったときだけではなく、心躍るようなよいことがあったときも同じです。いつまでも有頂天でいると、慢心して足をすくわれる危険性が高くなります。周囲の人たちも快く思わないので、敵をつくることにもなります。

昔から「実るほど頭《こうべ》を垂れる稲穂かな」といわれるように、**うまくいっているとき**

**ほど謙虚になる。**リーダーにとってはむしろ、こちらのほうが重要かもしれません。喜ぶのはほどほどにして、すぐに「さて、大事なのはこれからだ」と頭を切り替えるようにしましょう。

では、そういう感情の振れ幅の小さな心をつくるにはどうすればよいでしょう。いちばんいいのは、**坐禅をすること**です。坐禅は姿勢を整え、呼吸を整え、さらに心を整えるもの。言葉でいうと、「背筋を伸ばし、腰を立てて下腹を前に出す」、ただそれだけですが、これが自己流ではなかなかわからない。最初は指導を受けて、正しい坐禅とその作法を身につけることをおすすめします。繰り返し行なううちに、「あ、これか」と体で覚えたら、一人でもできるようになります。

最近は各地で盛んに坐禅会などが開かれていて、多くの経営者の方々が受講されています。みなさん、「リーダーは常に平常心を保たねばならない」と思っているからでしょう。リーダーのみなさんはぜひ、坐禅を一つの助けに、穏やかな心、安らかな心、静かな心を失わないようにしてください。

2

## 困難を笑い飛ばせるリーダーは強い

# 一笑千山青

——一笑《いっしょう》すれば千山青《せんざんあお》し

## 「心配するな、大丈夫、なんとかなる」

この禅語は、「**悟りきってしまえば、目の前の世界が開け、すべてが生き生きと蘇る**」という意味です。

イメージ的には、目の前にかかる靄《もや》を「あっはっは」と笑い飛ばして、青々とした山が見えてくる、という感じ。「千山」は仏さまのメッセージを象徴するものです。豪快で気持ちのいい言葉だと思いませんか?

では、リーダーにとっての「悟り」とはなんでしょう?

それは「**大所高所から物事を見て、いまどちらに進むべきか**」**を判断すること**。時間軸を広げながら現状を俯瞰し、「右か左かまっすぐか」と大まかな方向性を決める。それができる人が優れたリーダーなのです。

とくに困難に遭遇したときは、細かいことにとらわれていてはいけません。起こってもいないことを「こうなったら、どうしよう」と悩んだり、すでに終わったことを「こうすればよかった」と悔やんだりして、そのネガティブ思考で自分自身を苦しめることになります。

しかも、思考が〝視野狭窄〟を起こしますから、大所高所から物事を見ることができなくなってしまいます。

そういうときはムリをしてでも「あっはっは」と笑い、困難を吹き飛ばしてしまいましょう。頭の大部分を占めていた小さな悩みや不安が吹き飛び、モヤモヤが晴れて、進むべき道がくっきりと見えてきます。

細々としたことをいっていると、いいリーダーにはなれません。**一流のリーダーはみんな、困難を笑い飛ばす強さを持っている**ことを言い添えておきましょう。

みなさんもよくご存じの一休禅師に、こんなエピソードがあります。

それは、一休禅師が八十七歳で亡くなった、その直前のこと。弟子たちに「この先、どうしても困ったことが起きたら、この手紙を開けなさい」と一通の手紙を遺されました。

その数年後、弟子たちが困り果てるような出来事があり、「そうだ、一休禅師が遺してくださった手紙を開けてみよう」となりました。そこに書かれていたのは、

**「心配するな、大丈夫、なんとかなる」**

の一言だったそうです。

弟子たちはおそらく、拍子抜けしたことでしょう。やがて笑いが込み上げてきたのではないかと推察します。

その笑いとともに、悩みにとらわれていた心がゆるみ、落ち着いて対処する余裕も生まれたことでしょう。

さすが一休禅師、悩みでいっぱいになった心を抱えていては、視野が狭くなり、結局は判断を誤っていい結果が得られないことをわかっておられる。

どんな困難に見舞われても、心配事が山ほどあろうとも、「なんとかなるさ」と笑ってしまえばいいのです。そこから現状を打開する道が開けます。

3

# 時には頭を空っぽにする

## 非思量《ひしりょう》

# 不安はあなたの「心の幻影」

「思量」とは、一つのことに心を留めてしまう状態を意味します。何か心配なことがあると、そのことしか考えられなくなり、視野が極端に狭くなってしまうのです。

体の不調もそうですね。どこか痛いところや具合の悪いところがあると、意識は全部、そこに集中してしまいます。

リーダーは大所高所から広く物事を見て判断しなければいけないので、〝思量状態〟は絶対に避けたいところです。

心配事や悩みというのはどんどん膨らむ性質があるので、非常にタチが悪いのです。そういう場合は、心を「無」にするしかありません。**禅の世界では、頭のなかを空っぽにして、心を「無」の状態にすることを「非思量になる」といいます。**

坐禅をすると、頭のなかにいろいろなことが浮かんでくるものです。それらにとらわれず、右から左へと流すことが大事なのです。

別のいい方をすると、鏡のような静かな水面にポーンと小石を投げると、波紋が広がる、それが物事を考えている状態。その波紋をなくそうと手を入れると、また新たな波紋ができてしまいます。そうではなくて、**そのままの状態にしておく**。つまり「非思量」になると鏡のような水面が自然と戻ってくるのです。

とはいえ、背負うものの多いリーダーは、頭のなかが心配事や悩みでいっぱいになってしまいがち。とくに夜は思考がネガティブに陥りやすいので、眠れない夜を過ごす方が少なくないのではないかと思います。

よく眠ることは、明日への活力につながります。睡眠は、心配が心配を呼ぶ「負のスパイラル」を断ちきるのに役立つ時間帯でもあるのです。

**どうか眠る前の三十分は、仕事のことはいっさい忘れてください**。坐禅を組んだり、心地よい音楽やアロマのなかでくつろいだり、心穏やかな時を過ごすように努めてください。

夜の暗闇のなかで考え事をするよりも、お日さまが出ている明るい時間帯に考えるほうが思考がポジティブになるというものです。

そもそも悩みや心配事には、〝実体〟がありません。こんな話があります。

達磨《だるま》大師のもとで慧可《えか》が修行をしていたときのことです。

慧可が、

「私は心配で心配で、落ち着いていられません。どうか、この心配事を取り除いてください」とお願いしました。

すると、達磨大師は「よし、わかった。では、その心配事を私の前に差し出してくれ。それを取り除いてやろう」といいました。

慧可は困りました。心配事など、目の前に差し出すことはできません。

それで、慧可は悟ったのです。

**「心配事には実体がなく、自分の心がつくりだしたものなのだ」**

と。ここに気づけば、あなたもたやすく「非思量」になることができるはずです。

# 4

## どんな状況でも泰然自若

# 八風吹不動

――八風《はっぷうふ》吹けども動《どう》ぜず

## どっしり構える、大きく構える

私たちが歩む人生には、順風あり、逆風あり。ほかにも、温風、寒風、暴風、強風、乾風、熱風……さまざまな風が吹きます。

仏教では「心を動揺させる状況」を風にたとえて、「八風」といいます。具体的には、**「利《り》（得する状況）」「衰《すい》（うまくいかない状況）」「毀《き》（悪口をいわれる状況）」「誉《よ》（名誉を与えられる状況）」「称《しょう》（称えられる状況）」「譏《き》（そしりを受ける状況）」「苦《く》（苦しい状況）」「楽《らく》（楽しい状況）」の八つ**です。

誰もが常にこういった風のどれかしらに吹かれていますが、惑わされてはいけません。ただ風に流されるように行動していると、自分自身を見失ってしまうからです。

大事なのは、どんな風が吹いていようとも、言い換えればどんな状況にあろうとも、いちいち反応してオロオロせずに、真正面からその風——状況を受け止めること。

そのうえで、状況をよく見極めて最善を尽くすのみ、です。この禅語の「不動」の文字は、「心を動揺させずに、どっしりと構える」ことを意味します。そういう「**不動の心**」**を持って、自分の信じるところに従って行動しなさい**、ということです。

たとえば苦境に立たされたら、「ここはなんとか踏ん張って、時期を見て巻き返しをはかろう」などと考え、事態を好転させるように行動しましょう。

逆に、大きな成果をあげるなど、非常にいい風が吹いているときは、喜びは「とりあえず部内でささやかに祝杯を上げる」程度にとどめることが肝要。

いい気になって自慢して回ったり、「向かうところ、敵なし」とばかりにぐいぐい行ったりするのは禁物です。周囲から敵意の視線を向けられるかもしれません。そういうときこそ「不動の心」で、より謙虚に慎重に物事を進める必要があります。

とりわけリーダーは組織を動かす要《かなめ》ですから、「不動の心」を持って行動することが求められます。どんなときも「**八風吹不動**」と自らに言い聞かせ、状況に流されないように努めてください。

と同時に、部下が八風に流されないよう指導してあげることも、リーダーとして大切な務めです。

たとえば部下が実績を上げられずに悩んでいたとします。そういうときは、「つらいかもしれないけれど、いまはそういう風が吹いているだけのこと。その風をしっかりと受け止めなさい。そのなかで、今後どうすればいいかを沈思熟考《ちんしじゅつこう》しなさい」などといってあげればいい。逆に、追い風が吹いて、いい気になっている部下がいたとしたら、こんなふうにいってあげる。

「追い風はいいものだけれど、いつ逆風に転じるかわからないよ。まんまと風に乗せられて自分を見失ってしまうことなく、幸運を喜びながらも冷静に状況を直視し、その先に待ち構えているかもしれない困難に備えよう」

どんな風が吹いているにせよ、そこから逃げようとあたふたしたり、吹き飛ばされたりしないよう用心しなければなりません。風を認識することこそが大事なのであって、風に翻弄されると、ろくなことにはならないのです。

ともすれば風に流されそうになっている部下には「八風吹けども動ぜず、だよ」と教えてあげましょう。

5

# 大義を持つ、智恵を絞る

## 不苦者有智

——苦《くる》しまざる者《もの》智《ち》有《あ》り

## 「世の中のために」という視点を持つ

仏さまの智恵とは、真理を見抜く力のことです。その真理を表す禅語に、**「処処全真《しょしょぜんしん》」**があります。「見るもの、聞くもの、現前しているものはすべて『あるがままの真実の世界』である」という意味です。

その象徴が、人間の計らいごとを超えたところで綿々と続けられている自然の営み。「何があってもけっしてムリをせず、季節に身を任せて変化する自然にこそ真理はある」とされています。

いつの時代も、どんな状況にあるときも変わらない真理——**「不変の真理」を見定めていれば、どれだけ災難・困難・難題が降りかかってこようともどうってことありません。その苦境を乗り越える智恵が湧き出てくるし、創意工夫を凝らして事に当たることが可能になるのです。**

もし何の創意工夫もできず、ただただうずくまっていることしかできないようであれば、それは真理が見えていないということです。

たとえば新しいモノ・サービスを開発しようとするとき、技術の壁にぶち当たったり、コストパフォーマンスの問題が生じたり、開発にかける時間と労力に限界が見えてきたり、苦境に立たされる場面はたくさんあるでしょう。

その苦境を乗り越える智恵を出せず、創意工夫も凝らせないようでは、開発は頓挫するのが目に見えています。とくに現代はスピードを重視しますから、「すぐに結果が出なければ、即刻打ちきり」となるケースが少なくないようです。「何のための開発だったのか」という話です。

それにしてもなぜ、智恵が出てこないのでしょうか。創意工夫を凝らせないのでしょうか。それは、開発を志した根本にある思いに関わってきます。

もし単に「こういうモノ・サービスが売れているから、我が社も便乗しよう」とか、「とにかくなんでもいいから開発して、売り上げを立てればいいんだ」などと「儲けてやろう」というような気持ちから開発に取り組んだのだとしたら、どうでしょう？

智恵も創意工夫も〝出番〟はありませんよね？

当然、開発はイージーな方向に流れ、とても大ヒットには結びつかないでしょう。**持つべきものは「大義」**。「これを開発したら、人々の暮らしが便利で豊かになる。世の中をいい方向に変えることができる」といった思いがあれば、「なんとか開発したい」という強い熱意を生みます。それが智恵や創意工夫の源泉になるのです。

もちろん企業としては、採算に合わないことはできません。「何十年、何十億もかけてやったけれど失敗した」ではすまされませんから、リーダーはそこも考慮して「やる価値がある」と判断することが大切です。

もっともそれが**「世のため人のために役立つモノ・サービス」であるならば、そういった採算の壁さえ乗り越える智恵・創意工夫が生まれるはずです**。そうして苦境を乗り越えて開発されたモノ・サービスが大ヒットしないわけがありません。結果として、売り上げに大きく貢献することにもつながるでしょう。

このように、仕事のなかの真理を見定めて英断を下し、智恵・創意工夫が自然と出てくるよう部下とともに仕事を進めていく。それがリーダーの大事な務めなのです。

# 6

## 雲のように、柔軟に

# 雲無心出岫

——雲《くも》無《む》心《しん》にして岫《しゅう》を出《い》づ

## 自分のやり方に固執しない

陶淵明《とうえんめい》の『帰去来辞《ききょらいのじ》』にある一節としても知られ、慣用句にもなっているこの禅語を読むたびに、私は「雲のような生き方が理想だなあ」と感じます。

雲は岫（洞穴）から湧き上がり、風の吹くままに、形を変えながら流れていきます。その動きは変幻自在です。しかし、雲としての本質・本分を失うことはありません。しかも、やがて跡形もなく消えていくところが潔い。

**人間も雲のように、揺るぎない本質を持つ一方で、周囲の環境にうまく適合しながら生きていけたら最高だと思いませんか？**

ただ現実問題、これがなかなか難しい。自分の生き方や考え方を守ろうとするあまり、ほかの人のことをブロックする方向でがんばってしまうことが多いものです。そうすると、人のいうことを「聞く耳」が閉じてしまい、諍《いさか》いが生じたり、人間関係がぎくしゃくしたり、協力体制が組めずに物事が進まなかったりします。

自分の心が頑《かたく》なになったときは、どうか雲をながめてみてください。そして一息ついて、こう考えましょう。

**「みんなの意見に耳を傾けよう。そのなかで自分のやり方や考えをきちんといおう。さまざまな意見をテーブルに載せたところで、ベストな方向を模索していけばいい。多少譲歩したって、いいじゃないか。自分の本質は何も変わらないのだから」**

何がなんでも自分を押しとおそうとカッカしていた心が、たちまちにして静まってくると思います。

ちなみに、「雲」は禅語のなかによく出てきます。自然に溶け込んで、時々の天気によって姿を変えながらも悠然と構えて存在感を示すところが、「禅の心」に通じるからでしょう。

ほかにも、たとえば「雲悠悠水潺潺《くもゆうゆうみずせんせん》」という禅語があります。これは、「雲は何にもわずらわされることなく、常に悠々としている。渓谷を流れる水は常にサラサラと流れている。雲も水も無心である」という意味です。

また「白雲流　水清《はくうんりゅうすいきよし》」「行雲流水《こううんりゅうすい》」も同じような意味で、雲や水の流れは無心であり、一所にとどまることなく、しかも跡形をいっさい残さないところにすがすがしさがあることをいっています。

それから「坐看雲起時《ざしてはみるくものおこるとき》」という禅語もあります。「無心に流れる雲のような心境で、安穏《あんのん》無事に生きていく」ことの尊さを表しています。

いずれも味わい深い言葉だと思いませんか？　リーダーは、自然に身を任せて悠然としている雲のようでありたいものです。

7

## 心強い「味方」をつける

# 把《は》手《しゅ》共《きょう》行《こう》

## 「孤独なリーダー」の拠りどころ

よく「リーダーは孤独だ」といわれます。もちろん一人で仕事をやっているわけではありません。部下をはじめとするさまざまな人の力を集めて事を進めているし、迷ったり困ったりしたときに相談する相手がいないわけでもない。ただ「最終的に決断し、すべての責任を負う」という意味において、孤独だということでしょう。

しかし、本当は孤独なんかではありません。**リーダーにも、自分のなかに「もう一人の自分」という〝頼れる奴〟がいるのです。**

その「もう一人の自分」は、禅では「本来の自己」などと表現されます。現実にどう生きていようと、人は本来、我欲や執着、計算や計らいといったもののない、まっさらな心を有している、ということです。

人生や仕事の歩みをともにする相手として、「もう一人の自分」ほど頼りにできる者はいません。だから**「把手共行」**、「もう一人の自分」とともに手を取り合って、生きていくことを大切にしなくてはいけません。

「坐禅」の「坐」の字は、「土」の上に「人」が二つ乗っているでしょう? これは、現実を生きる自分と、本来の姿である「もう一人の自分」が対話しているさまを表しています。

リーダーはこの字を頭に思い描き、事あるごとに「もう一人の自分」と対話するといいのではないかと思います。「もう一人の自分」は必ずや、迷いを晴らす、あるいは悩みを解消させる答えを出してくれるでしょう。

また、この「把手共行」という禅語をもう少し拡大解釈すると、**「心から信じることのできる友人を持つ」**ことの大切さに思い至ります。

同じ会社の人でもいいのですが、利害関係があるとどうしても「腹を割った話」をするのが難しい。損得勘定やら上下関係やらが絡んで、うっかり頼りにすると思わぬ方向に連れていかれることもないとはいえません。

できれば幼馴染みとか、学生時代の友人とか、自分の仕事とはまったく関係のない分野でがんばっている人がいいと思います。そういう人なら、何か困ったことがあって相談したときなど、客観的に物事を見て、忌憚《きたん》のない意見をいってくれるはずです。立場も対等ですから、いいときはいっしょに喜んでくれて、ダメなときはダメと叱ってくれます。

**「もう一人の自分」であれ、心からの友であれ、自分と「把手共行」してくれる相手がいるというのは、じつに心強いものです。**「リーダーは孤独だ」なんて思い込むことなく、彼らを心の拠りどころにして生きていきましょう。

ちなみに、四国八十八箇所の霊場を巡拝する「お遍路さん」では、笠に「同行二人《どうぎょうににん》」と書きつけます。あれは「一人で歩いているのではない。弘法大師もしくは観音さまといっしょに歩いている」ことを意味します。

そういう二人連れだからこそ、夜の暗闇のなかでも、疲労困憊して苦しいときでも、恐怖や不安を感じずに歩いていけるのです。まさに「把手共行」の精神ですね。

8

〝過去の栄光〟に縛られない

# 放《ほう》下《げ》着《じゃく》

## リーダーは「捨てる力」を磨く

リーダーに問われる「**放下着**」は、過去の栄光や成功にとらわれることへの戒《いまし》めと読み解くといいでしょう。

禅では「何もかも打ち捨てなさい」と教えていますが、リーダーがいちばん捨てられないのが過去の栄光であり、成功なのです。

〝成功の美酒〟の味わいはなかなか忘れがたいもの。すでに過去になっているにもかかわらず、つい酔いしれて、

「あのときと同じやり方をすれば、次も、その次も、ずっとうまくいく」

というふうに考えてしまうものです。

部下にしてみれば、リーダーにそんな考えを押しつけられても迷惑なだけです。「昔はうまくいったかもしれないけれど、いまの時代には通用しない」と反発したくもなるでしょう。ましてや繰り返し聞かされると、「またあの自慢話か」と辟易《へきえき》とし

ます。いずれにせよ、部下はリーダーを「過去の人」のように感じ、言葉自体の重みも減じてしまうのです。

**勇気を出して、過去の実績ややり方はスッパリ捨てましょう。**

すべての事象は〝生き物〟ですから、時代が変わればモノ・サービスの価値も、仕事のやり方も、表現方法も、少しずつ変わっていきます。そういった〝過去の遺物〟はいったん頭から消し去り、時代に合った新しいものに置き換える必要があります。

場合によっては、「結果的にこれまでとほぼ同じやり方になった」としても、過去を「放下着」したうえで考えたのであれば、それは「いま」にフォーカスした、以前とは違ったものになるはずです。

こんなふうに頭のなかから過去の栄光・成功を掃き出すと、脳に新しいことを考えるスペースができます。さまざまな工夫やアイデアはそこから生まれるのです。

「放下着」という禅語の精神を示す一休禅師の逸話を一つ、ご紹介しましょう。

一休禅師が弟子を連れて歩いていたときのこと。鰻《うなぎ》を焼く匂いが漂ってきました。

思わず「ああ、いい匂いだなあ」と、一休禅師は鼻をひくひくさせました。

その様子が気になった弟子は、しばらく歩いてから、こう尋ねました。

「先ほどの禅師のお言葉は、仏に仕える身として不謹慎ではありませんか?」

すると、一休禅師は一喝しました。

「お前はまだ鰻のことを考えていたのか。わしはそんな思い、とっくに鰻屋の前に捨ててきたわい」

ほんの数分前の思いさえも捨てる、この潔さ！　捨ててしまえば、いまこの瞬間のことに一生懸命になれる、ということです。

**「いま」やっていることで、「いま」ベストな方法を考え工夫することが、リーダーにとっていちばん大事なこと。**過去を引きずっている場合ではありませんよ。

# 9

## 部下の「不安の鎖」を外す

# 擔《たん》枷《か》帯《たい》鎖《さ》

# 「先を読む」、しかし「妄想しない」

リーダーは先のことを読んで行動することが求められますが、それによって生じる不安や苦痛はどんどん増大します。しまいには身動きが取れないくらいになり、物事が本当に悪い方向へと転がってしまうことになりかねません。

たとえば、

「あの契約が取れなかったら、大変なことになるかもしれない」

「部下が期待どおりの成績をあげてくれない。このままだと競合会社の勢いに負けて、会社が傾くかもしれない」

「自分たちの許容量を超える仕事を請け負ってしまった。もし一つでも穴をあけたら、信用を失うかもしれない」

「消費税増税による打撃に、我が社は持ちこたえられないかもしれない」

などなど、いったん不安や、それにともなう苦痛を覚えると、それにがんじがらめになって、思考停止状態に陥ってしまうのです。物事がいい方向に転がるわけはありません。

しかし、落ち着いて考えてみてください。そういった不安や苦痛は実体のないもの。妄想に過ぎません。そんなものに縛られてどうするんですか、という話です。

禅では、心を縛るもの、心に棲みついて離れないものはすべて、「妄想」だととらえます。そして**「莫妄想《まくもうぞう》」**――**「妄想する莫《な》かれ」**と説いています。

とりわけ未来に対する不安は、妄想に近いものがあります。不安に思っていることが現実に起こるかどうかは、誰にもわからないのですから。

そういうときに私たちができるのは、不安に思っていることが現実にならないように、いまの仕事に集中することだけです。いま、がんばるしかないのです。

そこに没頭すれば、不安を感じる暇もなくなります。**とにかく行動して、不安をどこかへ追いやってしまう**のです。

不安や苦痛をいっさい取り除くことは難しいとはいえ、リーダーがそれでがんじがらめになっている、つまり「擔枷帯鎖」では、さまになりません。自分が物事を俯瞰して判断する余裕を失うばかりか、部下や顧客にも不安を与えるでしょう。

ですから、大切なのは、不安や苦痛の正体を見極めて、できる限り妄想を減らしていくこと。先行きの不安を潰して、自信を持って仕事に邁進できるよう努めてください。

自分だけではなく**部下の不安・苦痛をも払拭してやる気概をもって、「失敗したら、尻拭いしてやるから、思いきってやってこい」といってやれる**。それがリーダーに求められる器なのです。

# 10 リーダーは〝尖らず、突っ走らず〟

## 閑《かん》古《こ》錐《すい》

## なぜ「ベテランの力」が必要なのか？

「まだまだ若い者には負けないぞ」

もしあなたがそんなふうに考え、がむしゃらにがんばっているとしたら、リーダーとしては未熟といわざるをえません。

とんがって才気走ったふうを見せ、体力・気力に任せて突っ走るのは、若者に任せておけばいい。リーダーが負けじとばかりに、彼らと同じ土俵で戦う必要はないのです。

ある程度年齢を重ねてきたリーダーは、禅語でいう「**閑古錐**」――使い込んだ古い錐《きり》のようなものです。

古い錐は使い込むにつれて先が丸くなって切れ味こそ鈍りますが、手に馴染んでいく分、自由に使いこなせるようになります。熟練者の技が鋭さをカバーして余りある成果をあげるのです。しかも錐自体に、なんともいえない渋い風合いが出てきます。

これぞ、リーダーの存在感です。

**時間をかけて百戦錬磨の経験を積み、知識を増やしてきたがゆえに、判断力、行動力、洞察力など、問題が起きたときに上手に丸くおさめる能力がしっかり身についているはずです。**

これは若い人には真似のできないもの。何日も徹夜するような体力や、勢いのままに突っ走る気力では若い人にかなわなくとも、それを圧倒するくらいの「ベテランの力」があるのですから、どっしり構えていればいいのです。

若い人はいうなれば、切っ先が鋭い「真新しい錐」のようなものでしょう。

真新しい錐はすばやく簡単に木に穴を穿《うが》つことができますが、その鋭さとは裏腹にコントロールするのが難しい。手元が狂って穴の場所がズレたり、手をケガしたりする危険が高くなるのです。

「閑古錐」たるリーダーの力の発揮しどころは、若い人が闇雲に暴走しないよう、上手に手綱をさばくことにあります。

これまで蓄積してきた経験や知識をもとに、時に応じて、若い人には考えつかないような視点や考え方、仕事の進め方、人との対応の仕方などを提示してあげることが肝要です。

**リーダーは尖らず、突っ走らず。**

**「閑古錐」よろしく、「いぶし銀の輝き」で若手を圧倒する存在感を示すべし。**

・年齢・地位にふさわしい力を磨いていきましょう。

# 第4章

# 行動力

## チャンスをつかむ
## 「準備」はできているか

1

## 成功は「積み重ね」の先に

# 結果自然成

——結《けっ》果《か》自《じ》然《ねん》に成《な》る

# 努力を続け、天命を待つ

「あいつは運がいいな。チャンスに恵まれているな」

大きな仕事がどんどん舞い込んだり、とんとん拍子に地位を上げたりしている人や会社を見て、そんなふうに感じることがあるかもしれません。

運のいい人と悪い人、チャンスに恵まれている人といない人、その差はどこにあるのでしょうか？

それは、**日々コツコツと努力を重ねているかどうか**にかかっています。

チャンスは誰にでも平等にやってきます。努力をしている人は、いつでもチャンスをつかまえる準備ができている状態。ですから「いい話が来た！」というときに、すぐに行動に移して事を成し遂げることができます。

そうして結果を出せば、次から次へとより高いレベル、よりスケールの大きな仕事が舞い込んできます。チャンスが〝雪だるま式〟に増えていくのです。

ところが、あまり努力をしない人は、せっかくチャンスが来ても準備不足ですから、「ちょっと勉強が足りない。経験が不足している」となって、そのチャンスをつかむことに二の足を踏まざるをえません。たとえチャンスに気づいて生かそうとしても、努力不足で結果は期待できないでしょう。

そもそも何も努力していなければ、チャンスに気づくことさえできません。だから、チャンスに恵まれない、運に見放された、といった状況に陥ってしまうのです。

**「結果自然成」**という禅語は、**「結果というものは自然に出てくるものであって、人間の作為や思惑、計らいを離れている」**という意味です。

そう聞くと、「なんだ、努力してもしょうがないじゃないか」と思うかもしれませんが、それは少々読みが浅い。たしかに「努力すれば報われる」とは限りません。努力したっていい結果が出ないこともあれば、たいして努力しなくてもいい結果が出ることもあります。

しかし、それは一時的なこと。結果がどうであれ、努力は続けることに意味があります。草木だって、がんばって根を広げ、自然の恵みである雨が降ってきたときに「いまだ！」と水分をたっぷり吸い上げながら豊かな実りを生みます。そのように、**結果というのは必ずなんらかの努力の先に出てくるものなのです。**

チャンスをつかめない、もしくはチャンスに気づかないリーダーは、まだまだ自分は努力不足だと自戒してください。

リーダーの大事な役回りは、チャンスをつかんで社の業績や部下の能力を引き上げていくこと。リーダーの座に胡坐《あぐら》をかいて、日々の努力を怠っていると、「結果自然成」を遠ざけてしまうのです。

2

# 仕事には〝踊り場〟が必要

## 七《しち》走《そう》一坐《いちざ》

# いったん立ち止まるという「近道」

上へ、上へと、より高いところを目指すリーダーのみなさんは、適宜〝ひと休み〟を入れているでしょうか。

なかには「競争社会を勝ち抜くには、少しも休んでいる暇などない」と思い込み、それが強迫観念のようになって「休むのが怖い」とすら感じている人もいるでしょう。

しかし、それでは逆効果。泳ぎ続けないと死んでしまうマグロではないのですから、疲れがたまる一方です。休みなくのぼり続けたところで、仕事の効率は下がるし、気力も体力も落ちるなど、いいことは何もありません。

ここは**〝踊り場効果〟**を利用しましょう。

一〇〇段、二〇〇段と続く長い階段は、ずっとのぼり続けているとイヤになりますが、踊り場があるとかなり楽になります。ちょっとひと休みできるので、たちまち元気が回復し、苦痛が半減します。

しかも、段数を重ねるうちに、踊り場の位置は高くなりますから、見える風景が違ってきます。これが大変な気分転換になるうえに、脳を活性化させる刺激にもなりうるのです。

**人生や仕事のプロセスにおいては、意識して「踊り場でひと休みする」時間を設けることが大切です。**

そこで、階段の上から下をながめるように、自分がいままでやってきたことをちょっと振り返ってみる。あるいはいま自分のいる位置から四方八方を見渡し、これからどう進んでいくべきかを考える。

そんなふうにして「考える時間」を持つといいでしょう。時には新しい風景に刺激を受けて、いままでにはなかった発想が得られるかもしれません。

何も休日を取らなくたっていいのです。朝の十分とか二十分、ぼーっと外の景色をながめたり、仕事の合間にちょっと屋上とか高層階に上がって空を見上げたり、〝下界〟の喧騒を見下ろしたりするだけでもいい。ようは**「心静かに考える時間」を持つことが大切**なのです。

組織の舵を切るリーダーの仕事は、大半が「考える」ことではありませんか？　そこを忘れて、考える時間をないがしろにして走り続けても意味はないのです。

「いや、私は休まなくたって、四六時中考えているよ」という人がいるかもしれません。でも、ただ考え続けているだけでは「下手の考え休むに似たり」で、時間が経つばかりで何の効果もありません。ちょっと休んで気持ちを解きほぐして、あらためて考えるからこそ、正しい方向性が見えてくるし、新しいアイデアも湧いてくるのです。

**「七走一坐」**は、休む大切さを教えてくれる禅語です。

直訳すれば、「七回走ったら、一回座りなさい」ということ。リーダーのみなさんは**「ある程度やったら、立ち止まって自分を見つめ直しなさい」**というふうに読むといいでしょう。

いったん立ち止まることは、じつはゴールに到達するいちばんの「近道」なのです。

3

## 人生とは「今日一日」のこと

# 日々是好日《にちにちこれこうにち》

# 目の前のことに一喜一憂しない

「毎日がいいことばかりだったらなあ」

何かと苦労の多いリーダーは、そう感じることもあるでしょう。いいことばかりの毎日などありえないと思い込んでいるからです。

しかし、誰もがすでにその思いを実現しています。それは「いいこと」の解釈を変えると、よくわかります。

「いいこと」というのは、何も事がうまく運ぶことだけではありません。振り返ってみると、

「あのとき苦労したことが、いまにつながっている」

「あのとき失敗したことが、あとになって生きた」

「あのときに悲しみや心の痛みを知ったことで、人の立場に立って物事を考えられるようになった」

といったことも多いでしょう？　いま自分の身に起きたことのいい・悪いとは関係がないのです。

失敗したっていいではありませんか。その失敗を次の飛躍の糧にすればいいのです。失敗を失敗として受け止め、「原因はなんだったのだろう」ときちんと考え、次につなげなければ、高い授業料になってしまいます。

「こういう理由で失敗した。そこがわかったから、次はもう絶対に同じ失敗を繰り返さない」となってはじめて、失敗は次の成功を生む肥料になるのです。

どんな失敗をしても、その反省ができればすべてが「好日」になる、ということです。

つまり**「いいこと」**とは、**「いまこのときにしかできない経験」**なのです。そう思って何事にも感謝して生きることが、この**「日々是好日」**という禅語の教えてくれる心の持ちようなのです。

日々の経験の積み重ねが、人間の厚みをつくります。その経験が多種多彩になればなるほど、時機を見て的確な判断を下せるようになります。能力は磨かれるし、人の気持ちもわかるようになります。部下への指導力も増すでしょう。

**リーダーは日々刻々起きる出来事に対して一喜一憂するのではなく、何事も「いまこのときにしかできない経験をさせてもらっているんだ」ととらえることが大切です。**

そうして物事に対処していくうちに、自然とリーダーとしての「厚み」が増していくでしょう。

**何が起ころうと、いつだって「好日」。**そう考えて生きることが、あなたの〝リーダー人生〟により豊かな実りをもたらしてくれるのです。

4

## 「同じ仕事」など存在しない

# 昨日今日不同

——昨日今日《さくじつこんにち》と同《おな》じからず

# 一日一%でも成長を

「今度、京都に行くんですが、どこかおすすめのところはありますか？」

仕事で京都に行く機会が多いからでしょう。私はよくそんなことを尋ねられます。

ただ、おすすめしても「あそこは何年か前に行きました」なんて言葉が返ってくることが多いのです。そういうとき、私はこういいます。

**「いや、そのとき見て感じたことと、今度行って感じることは違いますよ。そうでなければ、あなたは成長していない、ということです」**

たいていは「えっ！」と驚かれますが、リーダーはこういった視点を常に持っていなければなりません。同じことをやっていても、昨日と今日では感じることが違うはず。そこに気づくことが成長なのです。

私たち禅僧の修行は、毎日同じことの繰り返しです。そのなかで昨日できなかったことが今日できるようになったり、昨日気づかなかったことに今日気づいたりします。この気づきが大きい。いろいろなことが学べます。それを数カ月、数年、数十年と積み重ねていくことで、人間としての円熟味が増していくのです。

それが**「昨日今日不同」**という禅語の意味するところです。

リーダーはすでにかなりの経験を積み、年齢とともにこうした気づきが得にくくなっているかもしれません。「前にやったことのある仕事」が増えていき、「いまこの瞬間の感じ方」に目を向けなくなってしまうのです。

それではいけません。「毎日判で押したように、同じことの繰り返しばかり。気づいたら、十年、二十年経っていた」ということになりかねません。

平穏無事に日々を過ごすこと自体は悪くはないものの、そんな毎日に楽しみが見出せるでしょうか。マンネリに陥るだけで、何の興奮も喜びも得られなくなってしまいます。当然、成長もそこでストップです。

現状に安穏《あんのん》とすることなく、新しいことに興味を持って挑戦してみたり、いままでとは違う方法で仕事に取り組んでみたりすることが大切です。それが成長の糧になるのですから。

年齢を重ねれば当然、成長の〝伸びしろ〟は小さくなっていきますが、**一%でもいい、「リーダーとして昨日より成長した」と思える部分を意識したいものです。**この気づきがあるとないとでは、〝リーダー人生〟の充実度が格段に変わってきます。

「昨日今日不同」――一度過ぎ去った日は二度と戻ってこないという真理に立って、いまこの一瞬一瞬を大事にして仕事に取り組みましょう。

# 5

## どんなに偉くなっても「自ら動く習慣」

# 冷《れい》暖《だん》自《じ》知《ち》

# 「現場感覚」がいいリーダーをつくる

横浜名物・シウマイの崎陽軒《きようけん》、ご存じですか？

ここのいまの経営者が、じつは私の学校の先輩で、亡くなられた先代の会長さんにもずいぶんかわいがっていただきました。いろいろなお話をさせていただいたなかでも印象的だったのが、会長さんが若いころに自ら横浜駅で「べんとー、べんとーっ！」と叫びながら、シウマイ弁当を売っていた、というエピソードです。

すでに会社は大きくなっていたにもかかわらず、将来の社長である彼は率先して弁当売りをしたわけです。理由は、「実際に自分で売ってみると、どういう弁当がどれくらい売れるのか、どんなタイミングでどう歩けばよく売れるのか、買ってくれる人はどこが気に入っているのかなど、現場のことがよくわかる」からだそうです。

その経験を商品や容器の開発、売り方の工夫などに生かして、改良を重ねていったといいます。

また、現社長は会社を継ぐ前に、大手ビール会社の関西地域で営業の修業をしました。飲み屋さんを一軒一軒回って「お店にうちのビールを置いてもらえませんか？」とお願いするのです。それも、お店が終わる真夜中が正念場。「食の最先端をいく世界で営業を学んでこい」と親に送り出されたそうです。「ビジネスパーソンとしての基本から、営業のいろは、マーケティング、人間関係の構築まで、とても勉強になった」といっていました。

崎陽軒の代々の経営者が大切にしたのは**「現場感覚」**です。跡継ぎというと、「入社したとたんに専務などの役職がつき、現場経験を積まない」ようなイメージですが、それではダメ。現場を知っている経営者だからこそ、優れたマネジメント能力を発揮できるのです。

これはまさに、**「冷暖自知」**という禅語の実践例といえます。

「器に入っている水は見ているだけでは冷たいのか、温かいのかわからない。実際に飲んでみるか、そこに手を入れてみるかしか、それを知る手立てはない」

という意味。メッセージ的に読むと、**「考えるより先に、まず動きなさい」**ということです。

最近はコンピュータのおかげで、現場のデータがリアルタイムで上がってきます。また、ネットであらゆる情報が手に入ります。その気になれば、リーダーがわざわざ現場に出向かなくてもいいくらいです。

しかし、しょせんは〝バーチャル情報〟。「わかった気になる」だけで、現場の本当のことはわかりません。したがって、的確な判断をして、現場に指示を出すこともできません。**リーダーこそ、現場で経験を積み、さまざまなことを「体感」することが重要なのです。**便利に流れて、そこを忘れてしまわないようにしてください。

ちなみに、崎陽軒の現社長は朝の出勤時か夜の帰宅時、散歩がてら歩くことを日課としています。こちらは先にご紹介した「七走一坐」の実践。「一人になって考える貴重な時間」だといっています。

リーダーは忙しい身だと思いますが、時間は自分でつくるもの。考える時間と「現場感覚」を磨く時間はなんとか確保したいものです。

# 6

## 「頑固の鎧」を脱ぐ

# 柔《にゅう》軟《なん》心《しん》

## 「思い込み」はリーダーの大敵

組織を引っ張るリーダーにとっていちばん怖いのは、「孤立」することです。部下が誰もついてこなかったら、何もできないではありませんか。

なぜそんな状況を招いてしまうのでしょうか。

それは、リーダーの心があまりにも頑《かたく》なだからです。いわゆる「頑固者」ですね。**リーダーが「頑固」という鎧《よろい》を着ると、部下をはじめ周囲の人たちと対立することが増えます。**自分の考えに合わない人をバンバン、はねつけてしまうことになるからです。当然、孤立します。

それに、自分以外の人の考えやアイデアも取り込んでいかなければ、組織は硬化する一方です。そこには成長も成功もありません。

そのように頑固なリーダーは、一見強そうに見えますが、じつは逆です。自分の考えに縛られて自由を失ってしまうために、物事に柔軟に対応することができないのです。耐震装置がなく、わずかな揺れで倒壊する高層ビルのような脆《もろ》さがあるのです。
総じて、頑固さは自分の弱さの裏返し。突っ張っていないと、リーダーとしての威厳が保てないと思うのでしょう。弱いリーダーほど「頑固」の鎧を着たがるのです。リーダーが頑固な思い込みで行動することほど、怖いことはありません。その典型例は、第二次世界大戦で「神国・日本が負けるわけはない。本土決戦をも辞さず」と暴走した、我が日本のリーダーたちでしょう。
戦況を見ても、敵国との力の差を見ても、勝算はほとんどなかったのに、「一刻も早く終戦に持ち込み、傷を小さくする」という考えに耳を傾けようとはしませんでした。ことほどさように、リーダーの頑固な思い込みというのは、最悪の場合、組織を破滅へと導く恐ろしいものになってしまうのです。

**本当に強いリーダーは、「柔軟」の鎧を身につけています。そうして一歩引いたところにポジショニングをして、広い視野で状況を見極めて判断しようとします。**

その姿はさながら戦国武将のよう。なかには先頭に立って戦う武将もいましたが、強い武将はたいてい軍の後ろにどっかりと構え、戦況を見ながら将兵を動かしました。一歩引いたところから状況をうかがうのは、物事に柔軟に対応するため。これが、力強く前に進んでいくいちばんの秘訣なのです。

老子は「人は生まれたときは柔らかく、死が近づくにつれて堅くなっていく。つまり、柔弱なものは生、堅強なものは死に分類される」とし、「強大なるは下《しも》に処《お》り、柔弱なるは上《かみ》に処る」といっています。**本当の強さは柔軟性にある**、ということです。

7

## 「遊び」が仕事をおもしろくする

# 水広則魚遊

――水広《みずひろ》ければ則《すなわ》ち魚遊《うおあそ》ぶ

## 「自分らしさ」「部下らしさ」を大切に

幅の狭い川では、魚もまっすぐに泳いでいくしかありません。しかし、広い川であれば、右に左に斜めに、いろいろな泳ぎ方ができます。

後者の魚のほうが、ずっと泳ぎの達者な〝魚らしさ〟を発揮できますよね。このことを意味するのが**「水広則魚遊」**という禅語です。

私たち人間も同じで、発想の幅を広げて仕事に取り組むと、潜在的な能力を含めた「自分らしさ」が引き出されます。それこそ「水を得た魚」のように、自由に生き生きと行動できるようになるのです。

魚にとっての川は、人間にとっては「自分の器」に置き換えることができます。この器は自分の力でより大きなものにしていけます。その秘訣は、意識して思考のなかに、自由な発想を可能にする「遊びの領域」をつくることにあります。

どうすればいいか。そう難しくはありません。固定観念や既成概念の枠を外すだけでいいのです。いままで自分を含めたみんなが当たり前だと思ってやっていたことに、ちょっと「自分らしさ」を加える感覚で。

私自身、禅寺の住職を務めるかたわらで、庭園デザイナーとしても活動しています。禅の思想の延長線上に、日本の伝統文化に根差した「禅の庭」がある。そこに禅寺の住職としての自分らしさを生かしたのです。

そうして「禅の庭」を手がけるなかで、その仕事がホテルや大使館、海外の博物館などの庭園に広がっていきました。「禅の庭」は、日本人はもとより、宗派・国境を超えて人々の心をとらえたといえるでしょう。

さらに、「禅の庭」から派生して、そこに置く照明器具や家具などのインテリアまでデザインするようになりました。「インテリアから見た庭ってどうなの?」「庭から見たインテリアってどうなの?」というふうに、広い視点から庭を含めた空間全体をデザインするようになりました。

おかげで、私は仕事の幅を広げ、発想の自由度を高めていくことができました。仕事の枠を広げながら、同時に自由な発想で仕事ができるようになったのです。まさに広い川で泳ぎ回る魚のように、です。

**仕事というのはすべからく、いかに「自分らしさ」が出せるかどうかがカギになります。ほかの人や会社にはできないこと、発想もしなかったことができれば、一目置かれる存在になれるでしょう。**リーダーはそこを目指してください。

また、部下を指導する際にも、マニュアルを教え込むだけではなく、「自分らしさを大事にしなさい」ということをいってあげるとよいでしょう。

たとえば、部下に市場調査を頼むようなときには、

「ただ単純にデータを出せばいいってものじゃないよ。実際の仕事にすぐに役立つように、自分なりに工夫してまとめてごらん。『水広則魚遊』の精神で、仕事の幅をどんどん広げていくことを期待しているよ」

というふうに。〝やらされ感〟が減り、部下はがぜんやる気を見せるでしょう。

8

# 仕事のゴールは常に「通過点」

# 百尺竿頭進一歩

――百尺《ひやくしやく》竿頭《かんとう》に一歩《いつぽ》を進《すす》む

## リーダーの「終わりなき修行」とは？

私たち禅僧が「修行に終わりはない」というときに、必ず使う禅語がこれ、**「百尺竿頭進一歩」**です。

仏の修行というのは、悟りを得たら終了というわけではありません。そこから先にまだ、市井《しせい》に戻って自身が体感した「悟り」をさまざまな形で伝えていくという大事な務めがあります。これに終わりはないのです。

リーダーも同じです。「もうこれ以上の成功はない」と思えるほどの成功をおさめたとしても、それは単なる通過点に過ぎません。

地位に安住することなく、あらためて原点に立ち返る。自分がキャリアをスタートさせた現場に戻って、部下たちの声に耳を傾けて悩みに答えながら、一人前に育てていく。その役目に終わりはありません。

なかでも大事なのは、**現場で部下たちがどういう気持ちで働いているのかをわかっ**

てあげることです。

仏の修行でも、市井のみなさんといっしょに話をすることを眼目に据えています。食事やお茶を楽しみながら、自分が感じていることを伝えたり、悩みを聞いてアドバイスをしたり、迷っている人の背中を「こうすればいい」「ああすればいい」と押してあげたりするのです。

これを**「菩薩行《ぼさつぎょう》」**といいます。

仏さまには序列があって、いちばん上が「如来《にょらい》」。釈迦如来をはじめ阿弥陀如来、薬師如来、大日如来など、悟りきった仏さまたちで、彼岸にいるので市井の人を引っ張っていくことができません。

一方、「菩薩」はいつでも悟りに至ることができるのですが、あえて彼岸に渡らずに現世に残って、「みなさん、いっしょに彼岸へ渡りましょう」と教え導く役回り。つまり、人々を救ってくださるのです。

そのなかで観音さまやお地蔵さんは、仏さまに次ぐ存在で、人々の篤い信仰を集めています。とくに観音さまは「観＝見る」「音＝聞く」の文字があるように、人々の心の声を聞き、その人と同じ立場に立ってさまざまなアドバイスをしてくださいます。観音さまが「三十三変化」とか「三十三身」と呼ばれるのは、衆生済度《しゅじょうさいど》のために身を変ずることに由来しています。「三十三」は「無数」という意味です。

リーダーの終わりなき修行は、いうなればこの「菩薩行」のようなもの。部下たちを救ってあげる気持ちで、よく話を聞いてあげるよう努めましょう。

9

「すぐやる力」で成功する

# 明日不期

――明日《みょうにち》を期《き》せず

# 「人の心」と「秋の空」はすぐ変わる

「懈怠《げたい》の比丘《びく》明日を期せず」

これは、**「明日不期」**という禅語の原文。茶道の裏千家を代表する茶室「今日庵《こんにちあん》」の名称の由来を伝える逸話に出てきます。

それは、いまから三七〇年ほど前のこと。千利休の孫にして跡継ぎであった三代・宗旦《そうたん》は、現在の表千家の茶室「不審庵《ふしんあん》」を三男の江岑宗左《こうしんそうさ》に譲り、裏手に隠居所を建てました。

その庵の席開きの日、宗旦は参禅のお師匠さんである清巌《せいがん》和尚を招きました。和尚に新しい茶室を見ていただき、名前をつけてもらいたかったのです。ところが、約束の刻限を過ぎても、和尚は現れませんでした。やむなく留守居の者に「もし和尚が見えたら、明日おいでくださいと伝えてほしい」と、ほかの用事で出かけました。

和尚は宗旦の留守中にやってきたのですが、茶室の腰張りに書きつけたのが、冒頭の「懈怠の比丘明日を期せず」という言葉です。

「怠け者の私は明日といわれても、来られるかどうかわかりません」

それを見て宗旦は驚き、あわてて和尚のいる大徳寺へお迎えに上がりました。そこから茶室を「今日庵」と名づけたといわれています。

**「明日の我が身がどうなるかはわからない。ひょっとしたら、命を失うかもしれない。今日やるべきことは今日やってしまいなさい」**

と教えているように思います。

実際、さっきまで元気でピンピンしていた人が、突然亡くなるということは少なくありません。うちのお檀家さんのなかにも、「二日前に夫婦で旅行先から帰ってきて、翌日は兄弟とお墓参りに行く約束をしていた、その晩に心不全で亡くなった」方や、「朝のジョギングで信号待ちをしている間に、突然の心臓麻痺で倒れて亡くなった」方もいらっしゃいます。

人間、本当に明日の命さえ、どうなるかわからないものなのです。

これをリーダーに置き換えて読むと、

**「何事も先延ばしにせず、明日を頼みにせず、今日やるべきことは今日、いまやるべきことはいま、すぐにカタをつけておきなさい」**

ということでしょう。

たとえば営業なら、できるだけ会ったその日のうちに成約まで持ち込むことがポイントになります。「契約書は明日お持ちするので、ご署名をお願いします」なんて悠長なことをしたばかりに、翌日になってキャンセルされた、といった例が意外に多いと聞きます。

命だって明日のことはわからないのですから、人の気持ちは推して知るべし。**「人の気は変わりやすい」ことを前提に、すばやく行動することが大切です。**

自分自身にも部下にも、〝先延ばし願望〟が見えたら、「明日不期」という禅語を思い出すといいでしょう。

# 10

## リーダーとして、何ができるか

# 一日不作　一日不食

――一日作《いちじつな》さざれば　一日食《いちじつく》らわず

# 一日の終わりに自問すべきこと

昔から「働かざる者、食うべからず」といわれますが、「一日不作、一日不食」という禅語は、それと似ていて非なるものです。

直訳すると「なすべきことをなさなかった日は食事をとらない」ということで、狭義には同じなのですが、権利・義務的な意味合いはありません。禅僧にとっての労働、つまり作務《さむ》というのは「動く坐禅」ともいわれ、修行としての行為です。

ですから、労働そのものより大事なのは、「悟りを得て、広く衆生に伝える気持ち」を持って取り組むこと。リーダーに置き換えていうなら、

**「世のため人のため、ひいては部下のためを思って仕事をしない者には、リーダーの資格がない」**

ということです。

リーダーのみなさんはこのことをけっして忘れてはいけません。リーダーの肩には

多くの部下の暮らしがかかっています。世の中と人々の暮らしをより豊かにする使命を担っています。それなのに、自分のことだけを中心に考えていてはいけないのです。

お手本とするべきは、京セラや第二電電（現ＫＤＤＩ）などを創業し、ＪＡＬの再建に尽力し、さらに「盛和塾《せいわじゅく》」を主宰して中小企業経営者を育成するなど、広範な活動をしている稲盛和夫さんでしょう。

六十歳を過ぎてから出家得度《とくど》された稲盛さんの著書には「**仕事に取り組むときは、常にそこに私心が入り込んでいないかを確認する。人のため、社会のためを考えて実行したことは必ず結果がついてくる**」といったことが書かれています。

大勢の社員とその家族の生活を両肩に背負う稲盛さんだからこそ、自分自身のことは脇に置き、世のため人のために尽くす心を大事にしているのでしょう。自身が築き上げた資産さえ、「天からの預かりもの」と考えています。

私財を投じて設立した稲盛財団ならびに人類社会の進歩発展に功績のあった人たちを顕彰する国際賞「京都賞」などはその気持ちの表れ。盛和塾もボランティア活動だそうですから、頭が下がります。

人間というのは常に自分を中心にものを考えるようにできていますから、それを自戒する習慣を持つといいでしょう。

おすすめしたいのは、仕事を終えたあと、もしくは一日の終わりに、一人静かに座って、自らにこう問いかけることです。

**「今日一日、部下のために何ができただろうか。会社の発展のために何ができただろうか。私利私欲を優先してやったことはなかっただろうか」**

こういう習慣をつけると、リーダーたる者の道を踏み誤ることはありません。

リーダーのみなさんはぜひ、一日に五分でいい、この〝**一日不作、一日不食の儀式**〟を取り入れてみてください。

第5章

# 信頼力

## 人を惹きつける
## 「実力」と「魅力」はあるか

1

# 部下との「縁」を大切にする

## 我《が》逢《ほう》人《じん》

## リーダーは「背中」で語る

人でも物でも出来事でも、〝たまたまの出会い〟が人生や仕事を大きく変えていくことはよくあります。というより、偶然の連続が人生だ、というふうにも思います。

地球上に何十億人もいる人のなかで誰かに出会う、世界で無数の営みがあるなかで一つの出来事に遭遇する、数えきれないほど売られているたくさんの本のなかで一冊の本を手に取る、そういったこと自体が奇跡のようなものです。

しかし、それらは偶然でしょうか。

仏教では**「物事にはすべからく、ご縁が働いている」**としています。つまり、私たちの行動の一つひとつは、直接的にそれを生ぜしめる「因」と、間接的に作用する「縁」とが合わさって生じたもの。すべてが偶然ではなく、仏さまがくださった奇跡的な必然の結果であるととらえ、「因縁」を非常に重視しているのです。

そういう見地に立つと、**「出会った人・出来事とのご縁に感謝し、大切にしていこ**

う」という気持ちになりませんか？

いや、リーダーにはそういう気持ちになってもらわないと困ります。なぜなら、縁に対して敏感になれば、タイミングよく縁を生かして自身の人間性を高め、ビジネスを広げていくことが可能になるからです。

**「我逢人」**という禅語を常に頭の片隅に置き、出会いを大切にしていきましょう。

もう一つ、リーダーとして心がけるべきは、部下たちもみなご縁で結ばれた人たちとして大切に思い、教え導いていく姿勢を持つことです。

部下たちはリーダーの背中を見て、ついてきます。リーダーの立ち居振る舞いや言動、考え方が良くも悪くもそのまま部下のお手本になるのです。部下とのご縁をいいものにするためには、まず自分の姿勢を正さなくてはいけません。

子どもが親の背中を見て育つように、部下はリーダーの背中を見て成長します。そのときにリーダーに心に留めていただきたい禅語があります。それは、

**「行解相応《ぎょうげそうおう》」**――。

**「理論的な理解と実践的な修行が一致していることが何よりも大事である」**

という意味です。

口であれこれいうだけでは、部下はついてきません。リーダーが率先垂範して汗をかき、必死になって仕事をする。それによって、「仕事はこうやってやるものだ」という姿勢を、部下に見せることがポイントです。

そんなリーダーの背中を見れば、部下は自然と「自分たちもがんばらなくては」という気持ちになります。

**「言行一致」と「率先垂範」**——リーダーはこの二つを忘れないように、自らを律することに努めましょう。

2

# 大事なときに、大事なことだけいう

## 不《ふ》戯《け》論《ろん》

# リーダーの口は〝大きな〟災いのもと

リーダーの言葉というのは、本人が思っている以上に部下に大きな影響を与えます。しかも同じことをいっても、部下によって受け止め方が違います。こちらのいわんとしていることが、必ずしも正確に伝わるとは限らないのです。言外に込めた思いまで汲み取ることのできる部下もいれば、曲がって解釈する部下もいるでしょう。

そのあたりも考えに入れて、**リーダーは慎重に言葉を選ぶ必要があります。**

とりわけ気をつけなくてはいけないのは、興奮して気持ちが熱くなっているときです。たとえばライバル会社とデッドヒートを繰り広げていて、自社の売り上げが伸び悩んでいる場合。業《ごう》を煮やして、ついライバル会社とその製品の欠点をあげつらい、あること・ないこと、悪しざまに罵《ののし》りながら、「負けるなよ」と部下のお尻を叩きたくもなるでしょう。

しかし、上司のそんな言葉を聞いた部下は、どんな行動を取るでしょうか。

「苛立っているんだな」と聞き流してくれればいいですが、なかには素直に「そうか、ひどい会社だな。そんなにダメな製品なんだ」と受け取り、お客さまのところでうっかり上司と同じことをいうかもしれません。

そうすると、お客さまのほうは「他社をそこまで悪くいうのは、自社製品に自信がないからではないか」と感じるでしょう。他社をけなすことで自社の優位性を訴えようとしていると映るのです。

そうならないよう、リーダーは苛立ちをぐっと抑え込み、こんなふうにいわなければなりません。

「切磋琢磨するライバル会社がいるおかげで、うちもいい製品を世に出すことができるんだよ。いまのところちょっと苦戦しているが、うちの製品にはこれだけの優位点がある。自信を持って売っていこう」

**同じ部下を鼓舞するのでも、どんな言葉を使うかで部下の行動はまったく違ったものになるはずです。**

さらに理想をいうと、お客さまの要望によっては、「残念ながら、当社よりライバル会社の製品のほうがご満足いただけると思います」くらいのセールス・トークができるといい。そのときはお客さまを逃すことになっても、「ライバル会社の製品をすすめるなんて、誠意のある会社だな」という信用を得ることには成功します。

ライバル会社をけなすのではなく、いいところはいいと認める。リーダー以下社員全員がそういう気持ちでいると、黙っていても営業力は上がるでしょう。**リーダーは自らの言葉の影響力の大きさを考え、「口を慎みなさい」ということです。**

さて、表題の**「不戯論」**という禅語は、「仏道修行においては、無益なことを論ずることなかれ」という意味です。噛み砕いていえば、**「悪感情に任せて、くだらないことをゴタゴタいわない。大事なことだけを、心を込めていえばいい」**ということです。

議論はいいけれど、無益な言い争いに終始する「戯論」は百害あって一利なし。興奮してつまらないことを口走りそうになったら、「戯論はいけない。口を慎もう」と自戒してください。

# 3

## 〝オープンマインド〟で人と接する

# 開門福寿多

――門《もん》を開《ひら》けば福寿《ふくじゆ》多《おお》し

## 「いつ」「誰に」でも心を開けるか

たとえば家に人を迎え入れるとき、部屋を片づけて掃除し、庭を掃き清め、きれいにしますよね？　家のなかが散らかっていて、庭も草ぼうぼうでは、恥ずかしくて客人に門を開くことはできませんから。

荒れ放題でもいいから門を開けておけばいいじゃないかと思うかもしれませんが、それは違います。そんな家に入りたいと、誰が思うでしょうか。門は開けていても、やはり人を遠ざけることになるのです。

人の心も同じです。隠し事ややましいことがあると、心の門を開くわけにはいかなくなります。そうして心を閉ざしていると、誰も寄りつかずに人とのご縁ができません。情報も入ってこなければ、いい話が転がり込んでくることもなくなります。

ですから**「開門福寿多」**という禅語は、単に「門戸を開いて、福を呼び込みましょう」という教えではありません。その前提として、**家でも心でも、入口となかをきち**

**んと整えて、いつでも門を開いておけるようにしておくことが大切である、**という意味を含んでいるのです。

リーダーとしては、いつ、誰に心のなかをのぞかれても大丈夫なように、一点の曇りもない心を持たなくてはいけません。そういう人物であればこそ、周囲から絶対的な信用を得ることができるのです。

また、会社の入口にも気を遣ったほうがいいでしょう。訪れる人たちは扉を前にした瞬間に、いい会社かどうかが直感的にわかるものです。会社の理念を具現化するものとしてデザインし、常に清潔さを保つことが必要とされます。

経営者のなかには、自ら率先して朝一番に出社し、会社の入口をきれいに掃除する方がおられます。

また、社員だけではなくお客さまも利用するトイレを常に清潔にしておくために、社員に「手を洗ったあと、洗面台に飛び散った水をタオルで拭いてきれいにしておきなさい」と指導している会社もあります。リーダーにはそういう心がけを持っていただきたい。

加えて、いまは社会全体が用心することに意識が向かいがち。リーダーも会社も門戸を閉ざす傾向にあります。しかし、そんな時代だからこそ、門戸を開いているリーダーや会社が魅力的に映るのです。

門戸を開いたとしても危機管理はできるはず。ぜひ工夫してみてください。

**近年、会社の入口は現実に人が出入りするところだけではなく、ホームページのトップ画面などもそれに当たります。そこは、多くの人や情報を呼び込む門として、非常に重要なポイント。**単純に製品の情報をラインアップするだけでは、いかにも芸がない。凡庸な会社にしか見えません。何をもって世の中に貢献するのかという会社の姿勢を明確に打ち出していくよう工夫しましょう。

4

## 人づき合いに「メリハリ」をつける

# 淡《たん》交《こう》

# 部下とべったりしない

「君子の交わりは淡《あわ》きこと水の若《ごと》し。小人《しょうじん》の交わりは甘きこと醴《れい》の若し」

これは荘子の言葉です。

**人づき合いにおいて、立派な人物は水のようにさっぱりと、器の小さな人物は甘酒のようにべったりとしている、**としています。

「さっぱり」としたつき合いは長続きしますが、「べったり」では、甘いものにすぐに飽きてしまうように、つき合いも短い間に絶えてしまうのです。

リーダーが目指すべきは淡い交わり、「**淡交**」のほうです。つかず、離れず、適度な距離を置いてつき合うのがいいかと思います。

**ビジネスにおける「淡交」は、人づき合いに「メリハリ」をつけることでもあります。**仕事上のつき合いは、協力関係にある他社と協力し合いながら物事を前進させていくことが前提。「ここは交流を密にして、一致団結してやっていきましょう」という場面もあれば、「そこは御社にお任せします。こっちは我が社に一任してください」と分担して、互いにあまり干渉せずに進めていく場面もあります。

そこにメリハリをきかせることがポイントです。信頼関係があれば、「いつもべったり」ではなく、「ここぞというときにべったり」。流れのなかで、臨機応変に振る舞いつつ、ある程度の距離を置いて交流していくことが望ましいでしょう。

これは、部下との関係でも同じです。最初に仕事の手ほどきをするときは、横につきっきりでしっかりと教え込む。その後はちょっと引いて、部下の仕事ぶりを観察しながらも干渉を控える。そして「ちょっと行き詰まっているな」と思うところがあれば、さりげなく声をかける。

そういった距離感を保つと、部下は必ず成長します。

いつもリーダーがつきっきりでいると、どうしても部下は頼ろうとします。見ていて危なっかしく、じれったく感じるかもしれませんが、ここはぐっと我慢。

**「部下に、自分で一段上に上がっていく場をつくってあげよう」**

という〝親心〟を持って、自分は一歩引く勇気を持ってください。それも「淡交」の精神の一つです。

多少つまずいても「一人でやる」経験をすれば、部下は自分で壁を乗り越えることができるようになります。

そういう意味では、**時には部下を「窮地に追い込む」よう仕向けてもいいでしょう。**いつも頼りにしている上司が出張でいない、連絡も取れない、ほかの人もみんな忙しくて自分に構ってもらえない、そんな状況になれば、誰しも肝が据わりますからね。

**リーダーと部下のいい関係は「べったり」より「さっぱり」。**「淡交」にあると心得ましょう。

5

# 「善行」も触れ回ると「愚行」になる

## 無《む》功《く》徳《どく》

## 「無欲」なリーダーが結果を出す

見返りを求めない心を持つことの大切さは「喜捨《きしゃ》」の項でもお話ししました。そのことを伝える講話があります。「達磨《だるま》廓然《かくねん》」とか「達磨無功徳」と呼ばれる禅問答です。ご紹介しておきましょう。

お釈迦さまから数えて二十八代目の法孫に当たる達磨大師が、法を広めようとインドから海路を東へ進み、中国へ渡ったときのことです。

当時の中国は、梁《りょう》の武帝の時代。武帝は仏教への信仰が篤く、寺を建立《こんりゅう》したり、自ら仏典を著したり、非常に研究熱心な帝王でした。

「仏心天子」とも呼ばれたその武帝が、インドから大変偉い聖者がやってきたというので、さっそく達磨大師を宮中に招きました。そこで、こんな問答がありました。

「私は即位以来、寺を造り、経を写し、多くの僧に供養してきました。この私にはどのような功徳があるのでしょうか」

達磨応えて曰く「無功徳」――。

武帝はビックリです。内心では「これだけ功徳を積んだのだから、よい果報がもたらされるはずだ」と思っていたのでしょう。それを「功徳などない」といわれたのですから、カチンときたと思います。

そこで「私の目の前にいるあなたは何者か」と尋ねたところ、達磨大師は「そんなことは知らない」と答えたのでした。話がまったく噛み合わなかったのです。

達磨大師のいう「無功徳」とは、「たとえ善行を積もうとも、あれをした、これをしたと周囲に触れ回ったり、見返りを期待しての打算的行為であったなら、それは真の善行とはいえない。真の信仰は、見返りを求めない無の心、真心からの祈り、行為である」ということです。

**リーダーのみなさんも打算に走らず、見返りを求めず、ひたすら世のため人のため、会社のため部下のために仕事をしましょう。**必ず、結果はあとからついてきます。

ところで、達磨大師は武帝と会ったあと、北へ向かい、嵩山少林寺《すうざんしょうりんじ》で九年間、壁に向かって一語も発せずに坐禅をしたと伝えられています。有名な「面壁九年《めんぺきくねん》」です。

達磨大師はこの「面壁九年」によって悟りを開いたわけですが、いまはよく「一つのことに忍耐強く専念して、やり遂げることのたとえ」として使われています。

坐禅というのは自分自身の本来あるべき姿を見失うことなく、何事にも穏やかな気持ちで取り組んでいくうえで本当にいいものです。

基本は**「調身《ちょうしん》・調息《ちょうそく》・調心《ちょうしん》」**の三つ。姿勢と呼吸と心を整えることです。まずは、横から見て背骨がS字を描き、尾てい骨と頭のてっぺんが一直線になるよう、姿勢を正してください。これが「調身」。

次に、ゆっくりとした呼吸を意識しましょう。仕事中はどうしても一分間に七〜八回の浅い呼吸になってしまうので、これを三〜四回程度にします。これが「調息」。

そして、「調身」「調息」がうまくいけば、心も自然と整います。「調心」の状態を得ることができるのです。

できれば朝、難しければ夜に坐禅をする時間を持つといいでしょう。余計なことに心をわずらわせることが少なくなります。

6

# 笑顔がいいリーダーの魅力

## 和《わ》顔《げん》愛《あい》語《ご》

## 笑顔のもとに〝人の花〟が咲く

「和顔」も「愛語」も「無財七施」の一つに数えられます（「和顔施《わげんせ》」「言辞施《ごんじせ》」）。

**「柔らかな笑顔と慈しみのある言葉は、お金のかからないお布施である」**

ということです。

参考までに、あとの五つのお布施は「眼施《げんせ》（温かな眼差し）」「身施《しんせ》（身をもって奉仕すること）」「心施《しんせ》（心に寄り添うこと）」「床座施《しょうざせ》（場所や地位を譲ること）」「房舎施《ぼうしゃせ》（休める場所を提供すること）」。どれもお金がなくてもできる施しです。

とりわけこの禅語**「和顔愛語」**は、人間関係で心がけていただきたいことです。

まず、「和顔」について。あなた自身、カッカしている人やイライラしている人、眉間にシワを寄せて不機嫌そうにしている人に近寄りたくはありませんよね。心を開いて話す気にもなりません。

部下も同じです。リーダーがそんなふうだと、誰も心を開いてくれません。部下を遠ざけてしまうことになるのです。

一方、いつも柔らかな笑顔を浮かべている人はどうでしょうか。笑顔に引き寄せられるように、その人の話を聞いてみたくなるものです。リーダーはそうでなくてはいけません。**リーダーの笑顔に〝人の花〟が咲くのです。**

二つ目の「愛語」は、心から相手の気持ちを思いやって発する言葉のことです。リーダーは部下に厳しいことをいわなければならない場面もあるでしょう。

しかし、怒りに任せて、あるいは苛立ちをぶつけるようにしてはダメ。こちらの感情がそのまま部下に〝伝染〟して、関係は悪化するばかりです。

**笑顔とはいかないまでも、表情を柔らかくして、部下への愛情を込めて話すよう心がけましょう。**

どうにも感情が抑えきれないときには、ヘソ下二寸五分の丹田《たんでん》を意識した深い呼吸をしてください。そうして「ありがとさん、ありがとさん、ありがとさん」と唱えると、怒りや苛立ちがお腹の辺りで止まって、頭にまで上がらず、気持ちが落ち着きます。

いまは何かとストレスが多く、人間関係がギスギスしたものになりがち。だからこそ「和顔愛語」が必要なのです。

リーダーは率先してにこやかな空気を醸し、社内外で円満な人間関係を構築することに心を尽くしてください。シンプルなアドバイスですが、それが生産性向上に確実につながります。

# 7

## 成功するのは「与える人」

# 利《り》他《た》

## 仏教が説く「Win-Winの関係」

ビジネス界では近年、「Win-Win の関係を目指そう」ということが、すっかり定着してきた感があります。利益が相反する相手とでも、「お互いにメリットのあるやり方を模索していきましょう」という姿勢です。

その一つの表れとして、企業間で盛んに「コラボレーション」が行なわれるようになってきました。たとえば互いの得意とする技術を生かして新商品・新サービスを開発するとか、互いの顧客層を共有して新たな市場を開拓する、設備を共用してムダを省く、自社製品にブランドのデザインを組み合わせるなど、さまざまな方向で協業が実現しています。

これらは新しい考え方のようですが、仏教ではじつは古くからこの「Win-Win の関係」を築くことが、当たり前のように実践されてきました。

そのキーワードが**「利他」**――。

**他人のためになることを優先させて行動する、それが自分を鍛え上げることにつながり、結局は自分自身のためにもなる。**そういう考え方です。

逆にいうと、「自分がよくなりたかったら、相手にもよくなってもらうことが必要だよ」とも読めます。

このことは、上司と部下の関係にも当てはまります。部下が能力を発揮して実績を上げてくれれば、上司である自分もいい方向に向かいますよね？

そうなるように、**上司は部下が仕事をしやすい環境を整えたり、助言・助力を惜しまずに与えたりすることが大切**なのです。これこそが「利他の心」です。

一方で、部下の手柄を横取りしたり、自分の手柄のように触れ回ったりする上司が少なくないと聞きます。それはとんでもないこと。そんな上司に部下がついてくるわけはありません。やる気をなくして、士気が下がるだけです。

いい上司は、いかに自分がいいアドバイスを与えたにせよ、部下の実績を「君が努力したからだよ」と褒めてやり、逆にうまくいかなかったときはすべての責任を引き受ける度量を持った人。部下は自然と「この人についていきたい」という気持ちになります。

「利他の心」が部下の背中を押し、会社全体の実績を上げることにつながるのです。

実際に、「自分が、自分が」と前に出てアピールする人より、部下のためを思って裏方のように立ち回る人のほうが、周囲からいつの間にか前に押し出されて出世していくケースは多いものです。

「利他の心」で相手のために動けるリーダーが、結果的にいちばん成功するのです。

8

# 大事なことは「面と向かって」

## 面《めん》授《じゅ》

# 「なんでもメール」ですませない

連絡事項やアポ取りはもちろんのこと、部下への指示や助言、取引先への謝罪や依頼など、いまは「なんでもメール」ですませる風潮があります。コミュニケーションの大半をメールが占めているといっていいでしょう。

それはけっこう。時代の流れとして、メールの利便性は大いに活用するべきです。

しかし、メールには致命的な弱点があります。それは、

**「文字で表現した真意や、言葉に込めた本心が伝わりにくい」**

ことです。

禅では「伝法」、つまり師匠が弟子に教えを授けるときは、顔と顔を突き合わせて行なうことを重視しています。これを**「面授」**といいます。

本当に大事なことは、言葉にはならないものです。互いの心と心が、まさに「以心伝心」で通じ合う。そうして弟子は真理を感得するのです。

メール一辺倒では、この「面授」が抜け落ちてしまいます。そこがコミュニケーションのうえで、大きな弱点になるのです。

いちばんわかりやすいのは、謝罪のメールでしょう。たとえば、あなたが次のようなメールを受け取ったら、どう感じるでしょうか。

「このたびは本当に申し訳ありませんでした。心よりお詫び申し上げます。本来なら、お会いして謝罪するべきところですが、略儀ながらメールにて失礼いたします」

文面は非常に丁寧ですが、本当に謝罪する気持ちがあるのかどうかは測りにくいところ。もしかしたらメールを書きながら、ペロリと舌を出しているかもしれません。

実際に相手に会って頭を下げるということは、大変なストレスです。出向く前には、相手の反応をあれこれ考えてしまい気持ちが重くなるばかりでしょう。メールだとそのストレスがかなり軽減されます。気楽に書ける分、文字の裏に「とりあえず謝っておけばいいや」というような安易な気持ちが透けて見えてしまうのです。

ですから、**謝罪の必要があるときはメールを書く暇も惜しんで、すぐさま相手のも**

**とに出向くのが基本**です。心から謝罪する思いがあれば、その気持ちが言葉や表情に自然とにじみ出る。こちらの心を相手にストレートに伝えることができるのです。

依頼事も同じです。メールでお願いするのは簡単ですが、裏を返せば断るのも簡単です。粘って何通も送ったところで、こちらの気持ちが伝わるどころか、「うるさいな」と思われ、そのうち返信さえしてもらえなくなるのがオチでしょう。

その点、面と向かって「ぜひとも、お願いします」といわれれば、相手も断りにくいものです。

それればかりか、わざわざ会いに行ったこちらの熱意を汲み取って、「わかりました。なんとかしましょう」と受けてくれる場合が多いのです。

リーダーともなると、人に頭を下げることに抵抗を覚える人もいると思いますが、それではリーダーの心がけとして感心しません。

謝罪するべきときには、部下の過失をも引き受けて、自ら出向いて誠心誠意謝る。どうしても依頼したいことがあるのであれば、部下任せにせずに自分が乗り出して頭を下げる。そのくらいの姿勢でいなければなりません。

# 9

## 部下の心を慮る

# 同事《どうじ》

## ライバル会社の成功を心から喜べますか？

「嫉妬心」はリーダーの器を小さくしてしまうものです。

たとえば**ライバル会社が成功したとき、あなたは「すばらしいな」と心から喜べますか？**

ちょっと難しいのではないかと推察します。自分の会社が一歩遅れを取ることになるので、リーダーとしてはおもしろくない。その気持ちはわかります。

「なんだよ、うまいことやったな。運がよかっただけじゃないか」などと嫉妬したくなるものです。

もっとひどい場合は、ライバル会社が失敗すると「ざまあみろ」と喜ぶようなことにもなるでしょう。嫉妬心の強い人は、優越感を持つことを好む傾向もあるようです。

しかし、それでは「リーダーの器が小さい」といわざるをえません。そういうときは**「同事」**という禅語を自分に言い聞かせてください。

これは「四《し》摂法《しょうぼう》」という四つの菩薩の行為の一つ。「摂」の字は「すべてを取る」ことを意味します。

「同事」で大事なのは、嫉妬心や優越感を取ることととらえていいでしょう。

つまり、**相手の心に自分の気持ちを合わせて寄り添う**ということ。相手が悲しいときはともに悲しみ、相手がうれしいときはともに喜ぶ。そういう気持ちがリーダーの器を大きくしてくれるのです。

また、リーダーは部下の気持ちがわからないと務まりません。**日ごろから部下の様子や表情を観察したり、自分が部下だったころのことを思い出したりしながら、部下の心に寄り添ってあげることが大切です。**

といっても、単にやさしくしてあげればいいというわけではありません。その対応にマニュアルはないのです。

たとえば部下が失敗して落ち込んでいるようなとき、やさしい言葉をかけてほしい人もいれば、放っておいてほしいと思う人もいる。あるいは、厳しく叱ってほしい人もいるでしょう。人によって違うのです。

そういった気持ちを汲まずに、「叱られて伸びる」強い心を持った部下に、「部下は褒めて伸ばすのがいいといわれている」と、やさしく接しても意味はありません。同様に、「ちょっと叱っただけで心が折れる」弱い部下に、「指導には愛の鞭が必要だとされている」と厳しく対応してもうまくいきません。

何かで学んだことを指導のマニュアルとしたところで、上下関係はぎくしゃくするだけなのです。

部下はいま、失敗して慰めてほしいのか、うまくいったことをいっしょに喜んでほしいのか、叱咤激励してほしいのか。そんなことを自分の経験や部下の個性と照らし合わせて考え、指導していくことが求められます。それもリーダーに必要な「同事」の精神だと思います。

10

すべては自分に返ってくる

# 因《いん》果《が》応《おう》報《ほう》

## 「あの人なら間違いない」といわれる人になる

仏教に「善因善果、悪因悪果」という言葉があります。「善い因を結べば善い結果になるし、悪い因をつくってしまうと悪い結果になる」という意味です。この「因」と「果」の間に来るのが「業《ごう》」。サンスクリット語で「カルマ」と呼ばれるものです。

では、その「業」とはなんでしょうか。仏教では「業には三業がある」といわれています。すなわち、**「身業《しんごう》（立ち居振る舞い）」「口業《くごう》（言葉）」「意業《いごう》（心）」の三つ。この「三業」を整えることが「善因」になる**わけです。

よく「あの人は業が悪い」といった言い方をしますが、それは三業が整っていないこと。そういう人はいくら善い行ないをしても、善い結果に結びつくことはありません。

組織や仕事を善い方向に導くことを任とするリーダーは、「三業を整える」ことが重要なのです。

三業が整ったリーダーは、人間としての信頼が得られます。

みんなから**「あの人なら間違いない」**といわれる人になることが、リーダーの存在感を高め、いい結果を引き寄せることにつながるのです。

その際、会社の看板など関係ありません。もちろん、会社の規模や歴史が信用を担保する要素はあるでしょうけれど、担当者への信頼というのはそれだけではありません。最終的には、その人の〝三業が乗っかった人間性〟の問題に行き着くのです。

**「因果応報——善因善果の根本は、行為の主体である自分自身の三業が整っているかどうかにかかっている」**

リーダーのみなさんは表面的な善行に陥ることなく、その底流にある三業を見据えて行動するよう努めましょう。

（了）

本書は、小社より刊行した単行本を文庫化したものです。

枡野俊明（ますの・しゅんみょう）

1953年、神奈川県生まれ。曹洞宗徳雄山建功寺住職、庭園デザイナー、多摩美術大学環境デザイン学科教授。玉川大学農学部卒業後、大本山總持寺で修行。禅の思想と日本の伝統文化に根ざした「禅の庭」の創作活動を行ない、国内外から高い評価を得る。芸術選奨文部大臣新人賞を庭園デザイナーとして初受賞。ドイツ連邦共和国功労勲章功労十字小綬章を受章。また、2006年「ニューズウィーク」誌日本版にて「世界が尊敬する日本人100人」にも選出される。近年は執筆や講演活動も積極的に行なう。

主な著書に、『心配事の9割は起こらない』『小さな悟り』『上手な心の守り方』『禅、シンプル生活のすすめ』（以上、三笠書房《知的生きかた文庫》）などベストセラー・ロングセラーが多数ある。

知的生きかた文庫

# リーダーの禅語《ぜんご》

著　者　枡野《ますの》俊　明《しゅんみょう》
発行者　押鐘太陽
発行所　株式会社三笠書房
〒一〇二－〇〇七二　東京都千代田区飯田橋三－三－一
電話〇三－五二二六－五七三四〈営業部〉
　　〇三－五二二六－五七三一〈編集部〉
https://www.mikasashobo.co.jp
印刷　誠宏印刷
製本　若林製本工場

ISBN978-4-8379-8686-7 C0130

知的生きかた文庫

## 心配事の9割は起こらない

枡野俊明

余計な悩みを抱えないように、他人の価値観に振り回されないように、無駄なものをそぎ落として、限りなくシンプルに生きる――禅が教えてくれる、48のこと

## 小さな悟り

枡野俊明

「雨が降ってきたから傘をさす」――それくらいシンプルに考え、行動するためのホッとする考え方、ハッとする気づき。心が晴れる99の言葉に出会えます。

## 禅、シンプル生活のすすめ

枡野俊明

求めない、こだわらない、とらわれない――「世界が尊敬する日本人100人」に選出された著者が説く、ラク～に生きる人生のコツ。開いたページに「答え」があります。

## 気にしない練習

名取芳彦

「気にしない人」になるには、ちょっとした練習が必要。仏教的な視点から、うつうつ、イライラ、クヨクヨを〝放念する〟心のトレーニング法を紹介します。

## 超訳 般若心経 〝すべて〟の悩みが小さく見えてくる

境野勝悟

般若心経には、〝あらゆる悩み〟を解消する知恵がつまっている。小さなことにとらわれず、毎日楽しく幸せに生きるためのヒントをわかりやすく〝超訳〟で解説。

C50379